Couverture inférieure manquante

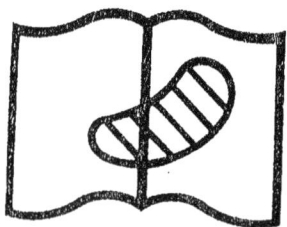

Illisibilité partielle

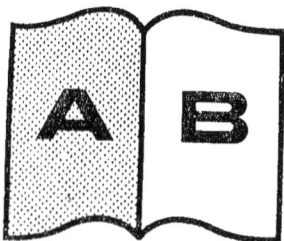

Contraste insuffisant
NF Z 43-120-14

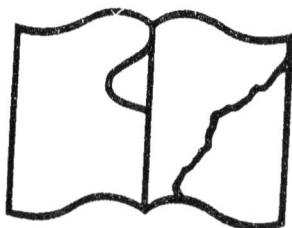

Texte détérioré
Marge(s) coupée(s)

Valable pour tout ou partie
du document reproduit

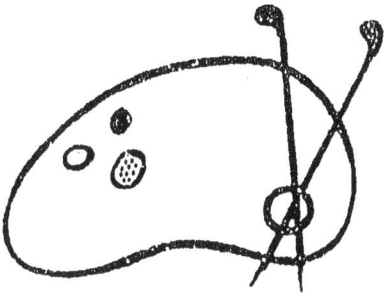

Début d'une série de documents
en couleur

Illisibilité partielle

Ph. TAMIZEY de LARROQUE et Alex. MOUTTET

AUTOUR DE PEIRESC

Le Baptistaire de Nicolas Fabri

Sa Biographie anecdotique par J.-J. Bouchard

Les jardins de Belgencier

Le Testament de Peiresc

Son Tombeau

Les Héritiers et les Continuateurs de Peiresc

AVEC DEUX ILLUSTRATIONS

AIX - EN - PROVENCE
IMPRIMERIE ET LITHOGRAPHIE J. BARTHÉLEMY
COURS MIRABEAU, 53.

1898

À Monsieur Léopold Delisle

« le grand-maître de l'Érudition »

Respectueux hommage d'un collab[orateur]
et d'un fils

H. Gamizay de Larroquey

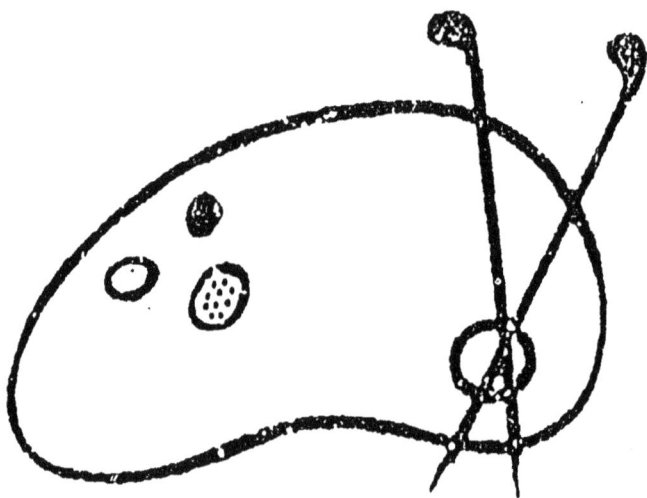

Fin d'une série de documents
en couleur

Ph. TAMIZEY DE LARROQUE et Alex. MOUTTET

AUTOUR DE PEIRESC

Le Baptistaire de Nicolas Fabri

Sa Biographie anecdotique par J.-J. Bouchard

Les jardins de Belgencier

Le Testament de Peiresc

Son Tombeau

Les Héritiers et les Continuateurs de Peiresc

AVEC DEUX ILLUSTRATIONS

— ❋ —

AIX - EN - PROVENCE

IMPRIMERIE ET LITHOGRAPHIE J. BARTHÉLEMY

COURS MIRABEAU, 53.

—

1898

A

LÉON DE BERLUC-PERUSS

L'ÉRUDIT

dont la modestie égale le savoir
et qui a tant fait
pour la Gloire Provençale
NOUS DÉDIONS CE RECUEIL
répondant ainsi à l'affectueuse pensée
DU GRAND DISPARU
qui fut notre Père, notre Ami
n'eut comme son compatriote Monluc
« onques repos »
et meurt sans avoir vu paraître
« AUTOUR DE PEIRESC »
nous laissant le devoir filial et amical
bien doux à remplir
d'en assurer la publication.

A. M.

- H. T. DE L.

Mon cher confrère et ami M. A. Moutlet, qui n'a que d'excellentes inspirations, en a eu une des meilleures, des plus heureuses, en réunissant diverses petites études et diverses petites pièces sous le titre d'*Autour de Peiresc*, comme il l'avait si bien fait déjà pour un autre illustre Provençal (d'un genre très différent) dans la série de publications intitulées *Autour de Mirabeau* (1) ; il m'a gracieusement invité à joindre mes communications aux siennes. J'ai été aussi fier que charmé de l'appel qui m'a été adressé par un tel collaborateur et j'apporte au recueil fraternellement formé en l'honneur de notre commun héros trois documents qui, j'aime à l'espérer, seront favorablement accueillis des innombrables amis de Peiresc : l'un, son *Testament*, déjà connu, il est vrai, mais dont la première édition a été épuisée dès sa naissance, et dont la réimpression a été réclamée plusieurs fois (2); l'autre un document inédit relatif aux merveilleux jardins de Belgentier ; le troisième une *Notice biographico-anecdotique* écrite par J.-J. Bouchard et non encore mise en lumière, laquelle complète à la fois tout ce que l'auteur des *Confessions* nous avait déjà appris

(1) Voir ce que j'en ai dit dans un article de la *Revue critique* du 23 décembre 1895, réimprimé en une plaquette spéciale (*Bibliographie provençale*. — Aix, Remondet-Aubin, 1896, in-8° de 9 p.).
(2) Le *Testament* a été inséré d'abord dans la première livraison des *Annales du Midi* (janvier 1889, p. 39-46), à la suite du mémorable mémoire consacré par M. L. Delisle à *Un grand amateur français du XVII° siècle* (p. 16-34). Il fut fait des deux morceaux réunis un tirage à part à 300 exemplaires distribués en entier aux amis de Peiresc et des deux auteurs. En réimprimant le *Testament*, devenu si rare, je n'ai pas cru devoir reproduire l'*Avertissement* que j'avais mis en tête du document, mais j'ai conservé, en les modifiant quelque peu, les notes qui accompagnaient la première édition.

sur son illustre hôte et correspondant (1), et tout ce que nous en ont appris ses autres contemporains. Ce fruit nouveau paraîtra d'autant plus savoureux que Bouchard, qui a été surnommé le plus immoral des hommes, y parle de Peiresc, qui en fut le plus honnête, avec un enthousiasme que l'on n'a jamais dépassé, même dans cette région méridionale où fleurissent en égale abondance, assure-t-on, les exagérations et les tubéreuses. Le vilain Bouchard portant aux nues le candide Peiresc, cela forme un contraste des plus piquants et qui fait redire le mot célèbre : *C'est un hommage que le vice rend à la vertu.*

Je dois à mon maître et ami M. Léopold Delisle la bonne fortune de pouvoir mettre au jour cette notice si curieuse, si précieuse. C'est avec la plus vive reconnaissance que je signale le nouveau service que m'a ainsi rendu mon éminent confrère, lequel ne se lasse jamais de m'assister en toutes mes publications peiresciennes petites ou grandes, et dont la généreuse affection aura été pour moi une providence que je bénis tous les jours et que je ne bénirai jamais assez.

PH. TAMIZEY DE LARROQUE.

Pavillon Peiresc, 20 décembre 1896.

(1) Voir, outre les *Confessions* (Paris, Isidore Liseux, 1881, in-8°), le fascicule III des *Correspondants de Peiresc* (*Lettres écrites de Rome,* 1633-1637. Paris, Alph. Picard, 1881, in-8°), et le tome IV des *Lettres de Peiresc* (Paris, imprimerie nationale, 1893, in-4°, p. 61-176). Il resterait encore à publier du très spirituel écrivain le récit de son voyage de Rome à Naples (conservé dans les archives de l'École des Beaux-Arts) et une série de lettres aux frères Dupuy (département des manuscrits de la Bibliothèque Nationale). Exprimons le vœu que l'on donne prochainement en un même recueil qui serait fort goûté, l'*Itinéraire de Rome à Naples,* qui fait suite au *Voyage de Paris à Rome* (complément lui-même des *Confessions*) et les *Lettres aux frères Dupuy,* complément des *Lettres à Peiresc.* Une conférence de M. Marcheix sur la Relation inédite du Voyage de Bouchard a été très applaudie, il y a quelques mois, dans la ville natale de ce dernier. M. Marcheix, éditeur de cette Relation si *parisienne,* n'aurait pas moins de succès que M. Marcheix orateur.

AUTOUR

DE

PEIRESC

I

LE BAPTISTAIRE DE NICOLAS FABRI

Gassendi (1592-1655), qui a vécu dans l'intimité de la famille Fabri, nous apprend que l'illustre conseiller, fils de Raynaud de Fabri, sieur de Callas, conseiller aux Comptes, et de Marguerite Bompar, dame de Peiresc et de Valavez, naquit, par occurrence, l'an 1580, et le premier décembre, vers 7 heures du soir, au château de Belgentier, où sa famille s'était réfugiée durant la peste qui sévissait à Aix (1).

Cette date, donnée sur parole, a été acceptée sans réserve par les historiens et les biographes. L'un d'eux, le provençal Requier (2), parle en ces termes de la naissance de l'enfant :

« L'époque de la naissance de Peiresc est celle de la peste qui, l'an 1580, ravagea la Provence, principalement Aix, et qui obligea ses parents à se retirer à Beaugensiers (3). Il vint au monde le 1er décem-

(1) Voir *La Vie de Peiresc* par Gassendi, écrite en latin et publiée pour la première fois à Paris en 1641.

(2) Jean-Baptiste Requier est né à Pignans (Var), le 24 juin 1715.

(3) Charmant petit bourg du Var (arrondissement de Toulon), dans la riante vallée du Gapeau, à quelques lieues d'Hyères, qui a été, en Provence, le berceau des Fabri. Quel est le membre de cette famille qui devint propriétaire à Belgentier ? Comment et à quelle époque ? Nous n'avons pu le savoir. Ce qui est certain, c'est qu'au moment de la naissance de Peiresc, ce château et ses dépendances appartenaient à M. de Callas, son père.

Au sujet de Belgentier *voir*, ci-après, la lettre inédite du Père Honoré Gasquet à Peiresc, datée de la Chartreuse de Montrieux, le 8 juin 1637, dix-sept jours avant la mort de l'illustre savant. C'est le compte rendu d'une visite faite aux célèbres jardins de Belgentier par un voisin de campagne, qui, comme on le verra, devait être un excellent horticulteur. Ce jardin botanique, après celui du Roi, à Paris, et celui de la Faculté de Médecine de Montpellier, était le plus riche de la France.

bre. Dès que sa mère, qui avoit resté quelques années sans avoir des enfants, s'étoit sentie grosse, elle avoit destiné, pour parrain à son fils, le premier pauvre qui se rencontreroit. Il nomma le *nouveau-né Nicolas*, comme son oncle, qui voulut aussi qu'on lui donnât le nom de *Claude*, qui étoit celui de son ayeul. Mais, soit durant son enfance, soit depuis, il fut presque toujours appelé *Nicolas*; et c'est ainsi qu'on le trouve d'ordinaire nommé dans les auteurs (1). »

A l'appui du dire de Gassendi, on vient de publier, pour la première fois, l'acte baptistaire de Peiresc, exhumé du registre paroissial de 1580, conservé aux archives municipales de Belgentier. En voici le texte, très fidèlement reproduit d'après la photographie exécutée par notre ami Octave Teissier, conservateur de la Bibliothèque et du Musée de Draguignan :

« L'an que dessus (1580) et le XXVI desembre, et le jour scaint Estève, a esté batizé Nicollas-Claudou Fabris. [Il] a [pour] père maistre Rainaud Fabris, sieur de Callas, conseiller (du roi) en sa cour des Comptes, Aides et Finances, scéant ladite court en la ville de Brignolle causant la peste qui est à Aix. Le perrin est maistre Claude Fabris, conseiller du roy en la cour de Parlement, et la merrine, Madamoiselle Anne de Vallavoyre (2), fame du capp° Astour (3) à Toullon. P^r longue vie (4).

« GARDANE, curat^{us} (5). »

Signalons deux omissions dans cet acte : la date de la naissance de l'enfant et le nom de la mère.

Cette intéressante trouvaille, dont on avait lieu de se réjouir, a été accompagnée d'une petite déception. On espérait y rencontrer, comme il arrive le plus souvent dans les registres baptistaires, la date de la naissance de Peiresc; celle de son baptême y est seule indiquée; et il serait bien difficile aujour-

(1) REQUIER, *Vie de Nicolas-Claude Peiresc, conseiller au Parlement de Provence*, etc., etc. A Paris, 1770, in-12, p. 8.

(2) Le nouveau-né se rattachait aux Valavoire par sa grand'mère Lucrèce de Valavoire, qui avait épousé Jean-Gaspard de Bompar, seigneur de Peiresc.

(3) Vieille famille consulaire, aujourd'hui éteinte, qui a laissé son nom à une rue de Toulon, la rue d'Astour.

(4) C'est la formule latine *ad multos annos*. En provençal : *longomai,* souhait du bon curé pour l'enfant.

(5) Le curé de Belgentier, en dépit de l'édit de Villers-Cotterêts, rédigeait habituellement ses actes paroissiaux en latin ou en provençal. C'est d'ailleurs en cette dernière langue que sont rédigés les baptistaires qui précèdent ou suivent celui de Peiresc. Le bonhomme Gardane crut faire honneur au conseiller Callas en adoptant exceptionnellement pour lui le langage de Paris, sauf le prénom Claude qu'il écrit en provençal *Claudou;* mais, entraîné par l'habitude, il échoua au port, et signa en latin son baptistaire franciot. C'est la même finale qui termine la signature de l'acte provençal et de l'acte français. Elle a tout l'air, effectivement, de l'abréviatif de *curatus*.

d'hui d'établir, en dehors de l'attestation de Gassendi, la date de la naissance de Nicolas-Claude Fabri de Peiresc, si son père n'en avait tenu registre privé et ne l'avait ainsi affirmée.

Le livre de raison de M. de Callas n'a pas été retrouvé. L'éminent généalogiste provençal, M. le marquis de Boisgelin, en a découvert un fragment qui a été pour la première fois signalé au public par notre grand peirescien, M. Tamizey de Larroque, dans une récente publication (1). Voici :

« FABRY (Raynaud), s' de Callas, père de Peiresc. — Un extrait de son Livre de raison... durant son séjour à Belgentier pendant la peste, est conservé à la Bibliothèque nationale (Cabinet d'Hozier, 3409, dossier *Fabry*, f° 20) :

« Je dois à M. le marquis de Boisgelin communication de cet extrait, relatif à la naissance de celui qui devait être si célèbre sous le nom de Peiresc :

« Le 1er jour de decembre 1580, jeudi à six heures du soir, attendant « sept, ma femme est accouchée d'un fils, baptisé entremains (2), à « Beaugenci, par un pauvre homme (3) nommé Jean Teisseire et ma « sœur Damyrat (4). Puis, le deuxième jour des fêtes de Noël, mon « frère l'a tenu à leglise sur les fonds avec demoiselle Hellaine (5) « de Vallavoire, sa marraine, femme de M. d'Astour, de Toulon, et lui « ont mis nom Nicolas-Claude, à qui Dieu, par sa grâce, donne vie « longue pour estre homme de bien. »

« Le copiste a ajouté : « Et feust M. do Peiresc, abbé de Guistres (6), conseiller au Parlement. »

(1) *Deux livres de raison de l'Agenais, suivis d'extraits d'autres registres domestiques et d'une liste récapitulative des livres de raison publiés ou inédits*, 1893, Paris, Alphonse Picard ; Auch, L. Cocharaux.

(2) M. de Callas francise ici l'adverbe provençal *entremens* qui signifie *en attendant*. — Voir HONNORAT. MISTRAL.

(3) Il n'était pas rare, à cette époque, de voir une grande famille donner pour parrain, à l'un de ses enfants, un serviteur de la maison ou un mendiant. De même, on voyait fréquemment les notables et consuls des villes être parrains des enfants abandonnés, et même des bohémiens de passage.

La Gascogne fournit deux illustres exemples de parrinage d'un « pauvre homme ». M. Albert Sorel, de l'Académie Française, auteur du « Montesquieu », des « Grands écrivains français » (Lib. Hachette), 1889, p. 65), s'exprime ainsi : « Dans l'instant que Charles-Louis naissait, un mendiant se présenta au château ; les Secondat le retinrent pour être parrain de l'enfant, « afin que ce parrain lui rappelât toute sa vie que les pauvres sont ses frères. Ainsi en avait usé autrefois le père de Montaigne, compatriote de Montesquieu ».

(4) Marie-Madeleine Fabri épousa, en 1565, Pierre de Pontevès, seigneur d'Amirat, fils de feu Antoine et de Marceline Boniface.

(5) On remarquera que ce prénom a été substitué à celui d'Anne, qui est donné dans le baptistaire.

(6) Guîtres, abbaye de Bénédictins, dans le diocèse de Bordeaux. C'est en 1618 que le roi accorda ce bénéfice à Peiresc.

Ajoutons que s'il était nécessaire d'établir, en bonne et due forme, la date de la naissance de l'illustre Provençal, le livre de raison de M. de Callas aurait, aux termes de l'article 46 du Code civil, une force probante absolument légale. Le législateur a prévu, en effet, l'hypothèse où les registres officiels feraient défaut et, dans ce cas, a permis au juge d'authentiquer, en se les appropriant, les énonciationt contenues dans les papiers domestiques, si ces papiers lui paraissent présenter des garanties suffisantes de sincérité.

Gassendi nous apprend encore qu'au mois de juin 1582, année mémorable par la réforme du calendrier, il naquit à Rainaud Fabri un second fils, auquel il donna le prénom de Palamède et qui, dans la suite, prit celui de Valavez. C'est presque en même temps que Nicolas commença à s'appeler Peiresc (1). La mère mourut des suites de ses couches ; elle avait alors vingt-deux ans.

Quatorze mois après, M. de Callas épousa, en secondes noces, Catherine Vassal de Caradet, veuve d'Olivier de Tulles. La nouvelle Mme Raynaud Fabri avait une fille nommée « Marquise », qui fut mariée à Palamède, fils de son second mari et frère de Nicolas. De cette union naquit une fille , nommée Suzanne, mariée, en 1615, à Henri de Seguiran, alors avocat au Parlement, nommé depuis Premier Président de la Cour des Comptes, Aides et Finances.

(A. M.)

(1) Ce nom de Peiresc (à l'origine on disait Peirets), n'a été porté qu'à partir de l'année 1604 par Claude-Nicolas Fabri, qui, précédemment, comme son père, s'appelait le « *sieur de Callas* ». C'est ce qui résulte de deux lettres adressées par lui le 25 février et le 15 mars 1604, l'une à Clusius et l'autre à Scaliger.

« Vous pourrés aussy savoir, dit-il au premier, qu'au lieu du dessus qu'aviés acoustumé de faire en mes lettres « *au sieur de Callas* », etc., il faudra changer et dire d'ores en avant « *au sieur de Peirets* » chez « *M. le conseiller de Callas, à Aix-en-Provence.* » (« Nouv. acq. franç. », 5172, f° 12, v°).

« Mon père, dit-il à Scaliger, a trouvé bon, depuis quelque temps, de me donner la place de Peirets, et desiré que j'en porte le nom, pour (entr'autres occasions) éviter la confusion qui pourroit advenir entre mes lettres et celles de M. de Callas, le conseiller, mon oncle, et les siennes mesmes, tellement que, d'ores en avant, il sera meilleur que vous falsiés le dessus de vos lettres : « *Au sieur de Peirets, à Aix-en-Provence, chez M. le conseiller de Callas* ». (« Ibid. » fol 181, v°). V. *Un grand amateur français au XVIIme siècle*, par Léopold Delisle, membre de l'Institut. Ce morceau a été lu par l'auteur, le 23 nov. 1888, à la séance publique annuelle de l'Académie des Inscriptions et Belles-Lettres. »

II

LA BIOGRAPHIE ANECDOTIQUE DE PEIRESC

Nicolas-Claude Fabri, seigneur de Calas et de Peiresc, baron de Rians, abbé et seigneur de Guîtres, en Guienne, conseiller en la Cour de Parlement de Provence, mourut le 24 juin 1637 (1),après avoir receu pieusement tous les Sacrements, aagé de près de cinquante-sept ans. Dès sa première enfance et depuis encore estudiant en l'Université d'Avignon, il fit paroistre ceste inclination à la vertu, aux lettres et aux choses sérieuses qui s'est toujours augmentée en lui à proportion qu'il s'est avancé en aage. A vingt ans il fit ce voyage d'Italie (2) et sejourna quelque temps à Padoue auprès de Vincentio Pinelli (3) duquel il mérita et gagna l'amitié et l'admiration, comme aussy de tous les gens d'honneur et d'estude qui fréquentoient la maison de cet illustre personnage, entre autre le Gualdo, ancien et vray amy de Pinelli et grand observateur de sa vertu (4). Voiant les lumières de l'esprit de M. de Peiresc, la douceur de ses mœurs, et l'ardeur avec laquelle il se portoit aux belles choses et à s'acquerir les perfections qui avoient rendu Pinelli si recommandable, ne trouva point d'autre consolation en la perte qu'il fit par la mort de celuy cy qu'en l'esperance qu'il eut qu'elle seroit reparée par la vertu

---

(1) *Addition marginale :* « Entre les bras de son cher amy le sieur Gassendi, prevost de Digne ».

(2) *Idem :* « L'an 1601 et partie de 1602 ».

(3) L'humaniste et bibliophile Vincent Pinelli et les autres personnages mentionnés dans la notice sont trop connus pour qu'il soit utile de rappeler leur vie et leurs œuvres. On pourrait, en tout cas, consulter sur eux l'inappréciable *Vie de Peiresc* par Gassendi et les notes de l'éditeur des *Lettres* du correspondant des frères Dupuy.

(4) Au sujet de Paul Gualdo, comme au sujet de divers autres amis de notre grand homme, il y aurait à rapprocher de la présente Notice le pompeux discours académique intitulé: *Peireskii laudatio habita concione funebri academicorum romanorum Die Decembr. 21, an. 1637. Jo. Jacobo Buccardo Parisino perorante.* La cicéronienne harangue a été souvent imprimée, notamment avec une pagination spéciale à la suite de la Vie du magistrat aixois, édition de La Haye, 1651. Voir, pour Gualdo, la p. 13.

naissante de M. de Peiresc (1). En l'année 1606, il vint à Paris et de là passa en Angleterre (2), ne s'y faisant pas moins estimer partout des grands personnages du païs qu'il l'avoit esté de ceux d'Italie.

Deux ans après il fut pourveu et receu en l'office de conseiller au Parlement de Provence par le deceds du sieur Fabri, son oncle, office qui estoit en leur maison dès l'année 1524 qu'il fut donné à Foulquet de Fabri, bisaïeul de M. de Peiresc. M. Du Vair le prit en telle affection à cause de la douceur de sa compagnie, qu'il n'avoit point d'autre consolation que d'estre avec luy tout autant de temps que la grande charge qu'il soubstenoit luy permettoit d'en prendre, comme il paroist par une lettre que le dict sieur Du Vair escript à M. le président de Thou (3). Il fallut [quand Du Vair devint garde des sceaux] que M. de Peiresc le suivit à Paris et demeurast auprès de luy jusqu'à sa mort (4). Il fut nommé son executeur testamentaire et légataire de ses médailles, outre que le Roy, à la recommandation dudit sieur garde des sceaux, avoit honoré M. de Peiresc de l'abbaye de Guitres.

Après la mort de M. Du Vair, M. de Peiresc fut arresté encore quelque temps à Paris par sa curiosité et n'y eut cabi-

(1) *Addition marginale* : « Il retourna à Aix, au mois de juin ou de mai en l'an 1602 et, en l'an 1604, se fit passer docteur, et son oncle de Callas lui resigna son office de conseiller au Parlement et [il] print [alors] le nom de Peiresc, s'appelant auparavant de Callas ».

(2) *Idem* : « Où il fut deux mois avec l'Ambassadeur. C'estoit en 1606, et de là aux Païs Bas ».

(3) J'avais eu le regret de ne pas retrouver cette pièce quand je publiai, dans la première partie des *Lettres inédites de Guillaume du Vair* (Marseille, 1873, gr. in-8°), dix lettres du grand magistrat au grand historien. Peiresc est mentionné (p. 25) dans une lettre écrite d'Aix, le 15 décembre 1612. J'ai cité en note cette petite anecdote gastronomique : « En 1611, Du Vair, étant totalement privé d'appétit, avoua à Peiresc qu'une seule chose lui ferait plaisir, une truite du lac de Genève. Son ami eut l'exquise attention d'en faire venir en toute hâte une qui était vraiment prodigieuse ». J'ajoutais qu'il y eut dans cet empressement à satisfaire le caprice d'un malade une délicatesse qui honore le cœur de Peiresc.

(4) Ici le biographe se trompe. Peiresc ne demeura pas auprès de son ami jusqu'à la mort de ce dernier, car il était à Paris quand le Garde des Sceaux rendit le dernier soupir en Gascogne où il avait suivi Louis XIII. Voir dans la *Revue de l'Agenais* de janvier-février 1895, p. 83-85, un article intitulé : *Guillaume du Vair à Tonneins... après sa mort*. J'ai reproduit là un document inédit de la Bibliothèque de Carpentras (registre XII de la collection Peiresc) écrit en entier de la main du savant conseiller au Parlement de Provence et intitulé par lui : *Relation fort particulière de tout ce qui s'est passé depuis le deces de feu Monseigneur le garde des sceaux Du Vair jusques à ce qu'il fut inhumé*, relation qui contient des détails que l'on chercherait vainement ailleurs.

net, bibliothèque, greffe, registres et chartres de monastère qu'il ne remuast. S'estant retiré en Provence (1), il continua ses estudes et la recherche de ses curiositez avec plus d'ardeur qu'auparavant. Pour y satisfaire il entretenoit des correspondances presque par tous les endroits de la terre, à Rome, Paris, Tunis, Séville, Alep, Alexandrie, Constantinople et mesme dans le Nouveau Monde, d'où il avoit soin de se faire envoyer toutes les raretez de la nature et les observations celestes, desquelles il estoit extremement curieux. Et pour ce il tenoit en sa maison le plus qu'il pouvoit M. Gassendi pour en conférer avec luy, comme aussy de ce qu'il remarquoit en la dissection des animaux, à quoy il s'appliquoit fort volontiers. Bien souvent il a envoyé jusques au destroit de Gibraltar et costes plus reculées de l'Espagne pour avoir des yeux de balenes, marsoins, thons et dauphins pour les anatomiser (2) et en faire des observations bien curieuses et bien ingenieuses. On a veu des discours de luy sur ces matières où il y avoit des pensées bien nouvelles et bien appréciées de la façon que se fait la vision en l'animal (3). Ce n'est pas que ce fust son estude particulière, car il n'y a sorte de singularité en la nature ou en l'histoire ny d'antiquité où il n'ait donné et treuvé quelque chose de precieux. Il n'a rien laissé de complet, mais bien quantité de memoires qui pourront bien servir à ceux qui voudront escrire.

Au reste ses mœurs estoient la vraye règle d'honnesteté, liberalité et modestie. Quoyque le sieur de Valavez, son très cher frère, fut marié et eut des enfans, jamais ces deux frères non pareils sinon à eux mesmes ne songèrent à faire partage

(1) *Addition marginale* : « Peiresc partit de Paris pour Aix à la fin de juillet 1623 ». Nouvelle erreur de Bouchard. Peiresc était encore à Paris le 18 août 1623. Nous le trouvons à Orléans le 19 du même mois, le 6 septembre à Guîtres et le 1ᵉʳ octobre à Aix. Voir les *Petits Mémoires de Peiresc* (Anvers, 1889, p. 25). En regard de la date *1 octobre*, le voyageur écrit, en lettres majuscules, dans le registre de sa correspondance : MON ARRIVÉE A AIX.

(2) Ce mot *Anatomiser* avait été déjà employé par Peiresc en mai 1635 (*Lettres aux frères Dupuy*, t. III, p. 314). Là j'ai dit en note : « Sous ce mot, employé au XVIᵉ siècle par Vincent Carloix, par Ambroise Paré et par Rabelais, Littré ne cite aucun écrivain du XVIIᵉ siècle et seulement deux écrivains du XVIIIᵉ, l'abbé d'Olivet et Voltaire. La phrase de Peiresc réunira désormais, dans nos dictionnaires, le XVIᵉ siècle au XVIIIᵉ. » La phrase de Bouchard formera un autre anneau philologique entre ces deux siècles. J'ajoute que le si excellent *Dict. gén. de la langue franç.*, par Hatzfeld et Domesteter, n'a connu, comme son devancier, aucun emploi *d'anatomiser* au XVIIᵐᵉ siècle.

(3) Dans le registre V. de la Collection Peiresc, à l'Inguimbertine, on conserve divers documents relatifs à des *observations sur les yeux de l'homme et sur ceux de divers animaux*. On retrouve dans la correspondance du grand curieux, notamment dans sa correspondance avec Gassendi (tome IV de mon Recueil) de nombreux passages sur les phénomènes de la vision.

ni à se separer seulement d'habitation. M. de Valavez faisoit la
despense de la maison à sa mode, M. de Peiresc celle de ses
estudes et curiositez et libvres qui eussent peu sembler quelquefois superflus à la science, et chascun au grand contentement
l'un de l'autre. Il y a des choses à dire de la concorde de ces
très unanimes frères qui excèdent les exemples fabuleux (1).
Il ne passoit religieux, homme de condition ou de lettres de
quelque long voyage, qui ne fut regalé en la maison de ces deux
frères magnifiquement et avec excès, et neantmoins avec une
civilité, modestie et facilité qui ostoit toute contraincte et
apparence d'ostentation. Que si M. de Peiresc s'apercevoit
que quelqu'un travaillast sur quelque subject que ce fust, quoy
qu'il n'eust aucune habitude avec luy, il luy envoyoit promptе-
ment, et sans attendre d'y estre requis, tout ce qui pensoit [*sio*
pour *tout ce qu'il* pensoit] luy pouvoir servir, mesmes escrivoit à tous ses correspondants pour avoir tout ce qui concer-
noit telle matière, si bien que ceux qui avoient la main à la
plume voyoient arriver chez eux des instructions, memoires et
pieces pour servir à leurs ouvrages, à quoy ils ne songeoient
pas et qu'à peine sçavoient ils estre au monde.

C'est ce qui a esté cause que quoyque M. de Peiresc n'eust
rien espargné pour fournir sa bibliothèque des meilleurs et
plus rares livres et qu'il en eust souvent achepté les exemplaires deux ou trois fois (comme entre autres des commenta-
teurs grecs d'Aristote), neantmoins elle a esté toujours fort im-
parfaicte parce que non seulement il prestoit très libéralement
des livres à quiconque les lui demandoit, en quelque endroict
qu'il les fallut transporter, mais aussy le plus souvent les envoioit (2); il en donnoit à ceux ausquels il pensoit qu'ils de-
voient estre utiles. Il est impossible de dire particulièrement ce
que les gens de lettres luy doivent, car il n'est guères sorty de
bon livre depuis trente ans à la publication duquel il n'ait con-
tribué, mais nous sommes obligez à luy seul de l'edition des
*Excerpta Polybii, Dionysii Halicarnassi, Diodori Siculi,
Appiani,*, etc., que le sieur Valois a si heureusement et ele-
gamment restituez et traduits depuis quelques années (3), puisque ce fut M. de Peiresc qui recouvra, après une longue re-

(1) Voir, au sujet de cette admirable union des deux frères, l'*Avertissement* du tome VI des *Lettres de Peiresc à sa famille et principalement à son frère*, 1896, p. IV.

(2) L'auteur veut dire que Peiresc les envoyait spontanément, sans
attendre qu'on les lui demandât.

(3) Henri de Valois et son édition du Recueil de Constantin Porphy-
rogénète (Paris, 1634, in-8°) sont souvent mentionnés dans la Correspondance de Peiresc. Voir notamment, t. I. des *Lettres aux frères
Dupuy*, p. 444. Sur les relations des deux érudits on pourra consulter
bientôt un nouveau fascicule des *Correspondants de Peiresc* consacré à divers savants parisiens.

cherche, ces riches fragments de l'Antiquité, et s'il eust esté
aussy heureux comme il avoit esté libéral et soigneux, il nous
en eust donné beaucoup d'autres, mais ce fut tout ce qui se
trouva meriter l'impression en deux grandes caisses de manuscrits grecs qu'il fit venir de Chypre avec beaucoup de des-
pence (1).

Ces belles parties et toutes les autres qui peuvent rendre un
homme aymable et venerable (car pas une de celles là ne man-
quoient à M. de Peiresc) luy avoient concilié la bienveillance
et le respect de tous les gens d'honneur et de lettres qui ont
vescu de son temps, entre autres de Scaliger, M [arcus] Velse-
rus, Laurentius Pignoria, M. le cardinal de Lion [Alphonse de
Richelieu, l'ancien archevêque d'Aix], M. le chancelier Seguier,
M. le president de Thou, M. de Lomenie, M. l'advocat general
Bignon, Mrs Dupuy, Rigault, Saumaise, Godefroy, Du Chesne,
Galilei, Moreau, Naudé, Mersenne, Schikard et Lauzius, célèbres professeurs à Tubinge (sic), l'un en langues orientales,
l'autre en l'histoire (2), desquelz les uns sont mortz avant luy
et les autres sont restez à leur grand regret pour pleurer in-
consolablement la perte de ce divin personnage qui, après tout,
doibt estre principalement loué d'avoir eu un zèle presque in-
comprehensible pour la religion et pour le service de son
prince, pour lequel, dans les remuemens qui ont affligé sa
province, il s'est quelquefois veu chargé de l'envie des incon-
siderez et meschantz qui pourtant ont tousjours respecté et
redouté l'authorité que sa probité et sa vertu lui avoient ac-
quise (3).

(1) *Addition marginale* : « Ce manuscrit estoit venu à part, et en
un autre voyage ».

(2) Ai-je besoin de dire que l'énumération est fort incomplète et
pourrait être aisément décuplée ? C'est le cas de rappeler que dans
l'*Index* de l'édition plus haut citée du chef-d'œuvre de Gassendi, on
remarque cette ligne très expressive : *Amici, quorum foret nimis
operosa enumeratio, passim ubique.*

(3) Ici se termine la Notice proprement dite. On trouve à la suite
(f° 4, v°) une liste des livres qui ont été dédiés à Peiresc, liste que je
reproduirai, en la complétant, dans un travail considérable dont je
m'occupe sans cesse, un *Essai de reconstitution de la bibliothèque
de Peiresc*, et (f° 5-6) des notes qui sont écrites les unes par Bouchard,
les autres par une main toute différente, probablement celle de
quelque secrétaire. Malgré certaines répétitions dans les faits, sinon
dans les termes, je reproduirai intégralement les notes des deux écri-
tures, étant de ceux qui ont toujours estimé que, même au risque de
tomber dans l'inconvénient du double emploi, il vaut mieux, en
curieuse matière, donner trop que pas assez. La liste des ouvrages
dédiés à Peiresc a peut-être été dressée pour Bouchard par son ami le
docte bibliographe Gabriel Naudé. En ce cas, ce serait lui qui aurait
ajouté à ladite liste ces mots de la même écriture : « J'ai pensé de
vous envoier encore ce memoire pour vous servir en ce qu'il pourra,
d'autant que M. Gassendi m'en a demandé un pareil ».

Le nom ancien de la maison est Fabri. Il y a trois ou quatre familles de gentilhommes en Provence de cette maison qui portent le nom. La leur, qui est la principale, portoit le nom de Calas *(sic)*, seigneurie qu'ils ont à ceste heure vendue et portent aussi le nom de Rians, baronie qu'ils ont acheptée, et ont eu un procez pour cela contre M. de Créqui, qui dura vingt-deux ans et y ont despensé cent mil escus. A l'establissement du parlement ils furent des premiers conseillers et en comptent aujourd'hui sept dans leur maison prins dans leur sule (*sic* pour *seule* sans doute). Ils ont esté tous de grand pouvoir et sçavans. Le Baron de Rians est allié avec la maison du Rousset du Daulphiné, des premières noblesses de France (1). Il a eu vingt mil escus en mariage [ici lacune dans les notes qui brusquement reprennent ainsi : *quarante mil escus de livres*, ce qui veut dire très probablement que Peiresc, en sa vie de passionné bibliophile, acheta pour 40,000 écus de livres]. Il a tenu vingt ans un libraire qui ne fit autre chose que relier[c'était Corberan, qui va être nommé plus loin, dans le *Testament*]. Tous [étaient] reliez de maroquin de Levant dorez. Elle[la bibliothèque des Fabri] fut commencée par son grand père, son père la continua et lui [même]. Elle est divisée en trois chambres. Il avoit un cabinet de portraits d'hommes illustres (2). Il avoit environ trente statues anciennes; quantité de medailles tant anciennes que modernes, et particulièrement toute sorte de monoyes estoient dans sa bibliothèque sur de grandes tables divisées en petits quarteaux. L'on lui prit toutes les médailles d'or et d'argent (3) et ses meilleures de cuivre et ses pierres gravées environ pour huit mil escus. Il avoit achepté la plus part dans ses voyages et principalement à Rome où il mettoit à part les meschantes comme s'il les eust voulu achepter pour bonnes et rejettoit les bonnes comme mauvaises, que son frère

(1) Ce fut par contrat du 5 avril 1631 (minutes d'Astier, notaire à Aix) que le futur marquis de Rians épousa Marguerite des Alrics. On trouve dans La Chenaye des Bois les armes des seigneurs de Rousset, originaires du Vivarais. V. *Dict. du Dauphiné* de Guy Allard.

(2) On trouvera beaucoup de détails sur ces portraits et sur les autres objets d'art recueillis par l'incomparable collectionneur dans un ouvrage que je prépare avec le concours d'un de mes meilleurs et plus distingués amis, M. Jules Momméja, archéologue d'autant de savoir que de goût, et qui sera intitulé *Le Cabinet de Peiresc*. Mon cher collaborateur et moi, nous ornerons nos deux volumes de splendides dessins et nous ne négligerons rien pour rendre l'ouvrage digne du sujet.

(3) Le désastre ne fut pas aussi grand que l'affirme Bouchard. Peiresc en parle moins lamentablement dans plusieurs passages de sa Correspondance. Il vaut mieux en croire la victime même que le narrateur.

de Valavez acheptoit par après (1). Il tenoit pour ordinaire un peintre, un flamant qui travailloit en hebeine [ébène], et tous ceux qui sçavoient faire quelque gentillesse il les retenoit trois ou quatre mois, et leur donnoit encore argent (2), et les faisoit manger à sa table pendant qu'ils demeuroient chez luy. Tous les géns de condition qui passoient d'Italie en France, et de France en Italie, passoient chez luy ; il les logeoit et tenoit table ouverte. Tous les Ambassadeurs, Nonces, Cardinaulx, Prelats, etc., prenoient addresses, informations et recommandations de luy. Il tenoit deux hommes qui escrivoient sous luy et escrivant luy mesme, il dictoit à ces deux autres. Il retenoit copie de toutes les lettres que l'on luy envoyoit. Il faisoit encores escrire son frère et son neveu. Il gardoit toutes les lettres que l'on luy envoyoit.

Le Père Théophile Minuti, ayant eu obedience pour aller en Afrique et Asie par la faveur de M. de Peiresc, fit le voyage aux despens de M. de Peiresc et rapporta avec luy deux momies entières (3) et quelques autres membres et quantitez de manuscrits Grecs et Arabes, entre autres une Bible Syriaque qu'il estime... [lacune dans le texte]. L'an 1630 [nouvelle lacune]... et fut un autre fois en Levant vers l'an 1634 pour chercher des manuscrits dont il apporta une barque. Lui vint d'Afrique l'Alsaron (4) et l'a envoyé au Cardinal (5).

Tint l'Elephant trois ou quatre jours au retour de Rome et le

(1) Le stratagème est ingénieux. Faut-il blâmer les deux compères ainsi ligués contre les marchands ? Lesdits marchands ne cherchaient-ils pas, de leur côté, à duper leurs clients ? Se défendre contre leurs ruses, n'était-ce pas de bonne guerre ? Le proverbe : « à trompeur trompeur et demi », n'autorise-t-il pas les procédés des deux frères ? Quel numismate, un peu *échaudé*, oserait leur jeter la pierre ?

(2) *Addition marginale* : « Donna à Campanella quarante pistoles. Donnoit à tous ceux qui vouloient prendre ». Au sujet de Campanella, il est impossible de ne pas citer ce qu'a dit des relations du malheureux moine avec son généreux protecteur M. Gaston Paris dans un des plus saisissants passages de son beau discours pour l'inauguration du monument élevé en l'honneur de Peiresc (*Fêtes de Peiresc*, Aix, 1896, p. 32-33). Rappelons avec l'éloquent orateur que Campanella paya sa dette en magnifiques éloges, surnommant Peiresc « l'hôtelier perpétuel des hommes illustres, l'honneur de la France, l'exemple du monde. »

(3) Voir dans les *Notes inédites de Peiresc sur quelques points d'histoire naturelle* (Digne, 1896) le chapitre V spécialement consacré aux *Momies* (p. 26-30). Le P. Minuti est mentionné en cette dernière page.

(4) Voir dans le même recueil le chapitre I sur l'*Alsaron* (p. 1-2).

(5) Bouchard n'ajoute pas le nom de Fr. Barberini parce qu'à ses yeux c'était chose superflue, son patron étant pour lui le cardinal par excellence, comme Rome était la ville incomparable, unique, *urbs*.

fit peser et le fit peindre (1). Il avoit un parfaitement beau Trepied qu'il trouva à Frejus (2). Il tenoit un gentilhomme d'Auvergne nommé Margaillé fort sçavant qui estudioit pour luy et escrivoit quelques lettres (3). Il tenoit M. Gassendi chez luy (4) et un autre jeune homme astrologue, les entretenoit [ici lacune, puis cette phrase incomplète : *le monde depuis cinq ou six ans*]. Et s'estoit tost adonné aux observations de mathematiques et principalement d'astrologie (5). Il fit faire une galerie la plus haute de tout Aix, et fort belle et... [ici un mot enlevé par la reliure] exprès qu'il avoit [nouveau vide. Je suppose que le mot disparu était le mot *garnie* ou *remplie*] d'instrumens dont il y avoit quantité, et alloit tous les jours deux ou trois heures faire observations avec Gassendi (6). Il avoit quatre grandes lunettes et plusieurs petites accomodées fort proprement avec leurs pieds (7). Il faisoit regarder la lune avec la lunette par le peintre, lequel desseignoit sur le papier ce qu'il voyoit et faisoit faire cela un mois durant pour avoir toutes les faces et travailloit chaque nuit tant que la lune estoit sur l'Orizon, quelques fois toute la nuit, quand elle est pleine, et le

---

(1) Sur l'éléphant de Peiresc voir Gassendi, *lib.* IV, à l'année 1631. Conférez une bien curieuse communication de M. L. Delisle à l'Académie des Inscriptions, le 14 avril 1893; p. 69 des *Comptes-rendus des séances* (Paris, Imprimerie Nationale, tome XXI de la 4ᵐᵉ série, 1893).

(2) Sur ce fameux trépied voir, outre Gassendi, qui a tout dit, les détails donnés par Peiresc lui-même (*Lettres aux frères Dupuy*, II, 207). L'éditeur n'a pas manqué de rappeler la *Dissertation* (spéciale) *sur un trépied antique par M. de Peiresc*, publiée dans le recueil du Père Desmolets.

(3) Voilà une des plus intéressantes de toutes les révélations dues à Bouchard. Qui nous donnera quelques renseignements sur ce noble et docte Auvergnat, resté jusqu'à ce jour enveloppé de l'ombre la plus épaisse, totalement éclipsé par celui dont il fut l'humble collaborateur ?

(4) Pas toujours, comme le prouvent les *Mémoires* (par ordre chronologique) *touchant la naissance, vie et mœurs de Gassendi*, insérés dans mon recueil de *Documents inédits* sur ce grand personnage (Paris, 1877).

(5) Le mot *Astrologie* est pris ici dans son sens primitif, étude des astres.

(6) Le *Monsieur* ici (comme plus bas) irrévérencieusement refusé à Gassendi semble indiquer une rédaction autre que celle de Bouchard.

(7) *Addition marginale* : « M. de Peiresc fit faire une grande lunette de douze pieds de long et grosse ». Au-dessous de cette addition s'en trouve une autre qui ne se rapporte pas au texte et qui est très importante pour l'histoire littéraire de Peiresc : « De toutes les nouveautez soit choses naturelles ou d'affaires, faisoit des discours et les faisoit imprimer à Aix et crier ». Ainsi Peiresc serait l'auteur d'un grand nombre de relations imprimées sous ses yeux et vendues en pleine rue ? Ne retrouvera-t-on aucune de ces *plaquettes* ?

2

peintre l'a fait quatre cours entiers de lune et au bas de chasque face Gassendi mettoit le jour. Avoit [sic. Il s'agit de Peiresc] donné le nom [c'est-à-dire un nom particulier] à toutes les macules de la lune. Le peintre a depeint Saturne qui est fait comme un œuf, avec deux croissans aux deux costez, sans tasche, et Venus comme un croissant sans tasche. Il faisoit aussi des observations sur le soleil. M. de Peiresc avoit tout de gros traitez sur ces lunes.

Il avoit fait un livre in-folio des anciennes maisons de Provence qui estoit achevé et le vouloit faire imprimer. Jusques à sa mort il alloit tous les jours deux fois [au Palais] et ne prenoit que les bonnes causes, dont il avoit quantité à cause de la grand faveur qu'il avoit auprès du premier président nommé Du Bernet. [Ici d'une autre écriture sont donnés de nouveaux renseignements sur Peiresc magistrat]. Il alloit d'ordinaire au Palais et alloit mesmes au Criminel, quoique conseiller d'Eglise, affin de pouvoir servir ses amis et ne se chargeoit gueres que de procez pour ses amis. Il ne vouloit point estre accompagné en allant, les autres affectant d'avoir leurs cliens après eux (1).

Il estudioit dans le lit le matin dez quatre heures (2). Retourné [c'est-à-dire de retour du Palais], s'enfermoit à estudier une heure ou deux jusques au disner. Il disnoit en commun avec son frère, sa belle sœur et son neveu, où il prioit toujours deux ou trois estrangers. Il se traitoit honestement, environ huit plats bons. Après son disné et s'estre entretenu avec ses convives un quart d'heure, et devant autant, il se renfermoit dans son estude jusques à l'heure du Palais, d'où il retournoit à son estude pendant que tous les autres se vont promener, et estudioit jusques à huit heures. Au soir il soupoit seul et ne mangeoit que d'une viande, d'ordinaire du mouton. Il mangeoit generalement fort peu et buvoit moins [encore]. Il travailloit après souper une heure ou deux, ce qui lui faisoit mal et s'en abstenoit le plus qu'il pouvoit. Son plus grand emploi estoit d'escrire des lettres (3).

Il s'eslevoit [sic pour se levoit] trois heures devant [le jour] tout l'hiver, et escrivoit dans son lit jusques à neuf heures. Il

(1) Comme dans l'ancienne Rome.
(2) *Addition marginale* : « En s'abillant le matin il se faisoit lire ou dictoit ». On voit que Peiresc était de ceux qui ne veulent jamais perdre un moment... même en s'occupant de leur toilette. Il y aurait un rapprochement à faire entre la merveilleuse activité de ce *généralissime* de l'armée des savants du XVIIᵐᵉ siècle et celle du plus grand homme de guerre des temps modernes, lequel lui aussi était si ménager de son temps et doublait la durée de ses journées à force de les bien employer.
(3) Ici commence une autre version marginale, mais qui de la marge déborde dans le f° 6, en tête dudit f°, et s'enchevêtre avec l'autre texte.

— 19 —

alloit au Palais, il disnoit, parloit d'affaires aux parties, retournoit au Palais. Revenu à quatre heures, il s'asseoit dans une chaire devant sa table, escrivant sur ses genoux jusqu'à minuit. Sur les dix heures il faisoit collation d'une pomme cuite (1), ou du pain bouilli, puis se remettoit à travailler deux heures, ne monstrant à personne ce qu'il escrivoit et l'enfermoit dans la chambre des Antiques. La pluspart de ses lettres estoient escrites de sa main (2). Il les faisoit copier quelquefois à tous ceux de la maison. Il dictoit souvent lorsqu'il mangeoit, quand il estoit pressé. Le peintre (3) a esté nourri et [a eu] cinquante escus en dix mois. Il donnoit à manger et de l'argent aux courriers pour les faire attendre. Il avoit deux libraires qui relioient continuellement, y ayant encore une chambre de livres en blanc [c'est-à-dire non reliés]. Il avoit un gentilhomme, son secretaire, un astrologue, outre M. Gassendi, et deux laquais. Il despensoit tout en curiositez, la despense de sa maison estant reglée, la famille [pour la maison] de son frère et de luy ne passant pas quinze personnes, luy ayant deux secretaires, un valet de chambre et un laquais. Il n'eut point de carosse. Toute la famille luy obeissoit (4).

M. d'Agut, conseiller, son principal amy, et le President Mainier et le President Carioli [sic pour Coriolis] hommes sçavans [la phrase est inachevée]. Il estoit en fort grand credit et authorité dans le Parlement et par toute la ville et par toute la province parmi la noblesse, particulièrement [apprécié], de M. de Valavez, qui est assez sçavant, curieux et fort estimé à la Cour, qui l'a aidé et secouru en toutes ses curiositez. Ils vescurent tousjours en commun sans faire aucun partage ni autre division, ayant tousjours tout en commun comme avoit fait son père qui estoit conseiller des Comtes (sic), et son oncle, conseiller d'Eglise au Parlement, qui estoient aussy sçavans et curieux et continuèrent la bibliothèque. Ils avoient de revenu de leur bien huit à neuf mil escus de rente. Ils avoient Calas, seigneurie dont ils portoient le nom, Peiresc, une autre seigneurie, Valavez, chasteau, Rians, baronie, Boisgency où ils avoient un fort beau jardin, où ils faisoient venir toutes les fleurs simples, arbres fruitiers et autres raretez naturelles de tous les lieux du monde, et tenoient quantité d'autres curiositez naturelles, comme pierres, animaux, etc.

(1) Sur la prédilection de Peiresc pour ce fruit, voir ses lettres à Denis Guillemin (V. passim), où la question des pommes est traitée con amore.
(2) Peiresc, toutes les fois qu'il ne pouvait tenir la plume, s'en excusait courtoisement auprès de ses correspondants.
(3) Ce peintre, comme nous l'apprend une note marginale, était « M. Melan », le célèbre Claude Mellan, dont il va être fait de nouveau mention plus loin (Supplément à la Notice de Bouchard).
(4) A partir de la fin de ce paragraphe recommence l'ancien texte, ce que j'appellerai la rédaction principale.

Valavez avoit soing du mesnage de M. de Peiresc en son absence. Ils se sont tellement accordez que jamais ils n'ont eu la moindre parolle. Il eut la brouillerie avec son neveu à la sujectation [*sic* pour *suggestion*] de sa femme qui ne pouvoit souffrir ceste despense po*r*r les livres, lequel print possession de l'office pendant une maladie sans le sceu de son oncle, voyant qu'au bout des trois ans promis son oncle le retenoit. M. de Valavez se tourna contre son fils et fut à Paris pour suivre contre luy et fit casser au Conseil tout ce qu'il avoit fait. Ils s'estoient bien raccommodez à la fin (1).

La femme de M. de Valavez est une des belles femmes de Provence, est folle et fort riche (2). M. de Peiresc tint un *pintre (sic)* dix mois. Lui faisoit desseigner medailles, statues, vases et autres antiques de toutes sortes en grand quantité, de la mesme grandeur et couleur. Il en faisoit faire plusieurs copies qu'il envoioit deçà delà avec des interpretations de luy au bas. Vers sa mort on [en] envoya quantité à Venise par un homme à qui il avoit donné charge d'achepter des vases et faire desseigner tous ceux qui estoient dans le Tresor de Gennes ; il pria le cardinal Bichi (3) de luy faire desseigner le vase d'Agathe de Gennes. Il avoit une chambre où il tenoit les Antiques dont il portoit la clef, ne laissant entrer personne du logis, ni de ceux de dehors pour amis qu'ils fussent; il y tenoit aussy ses manuscrits et son argent tout pesle mesle sans aucun ordre. Il escrivoit souvent en Allemagne à un astrologue des lettres de sept ou huit feuilles de papier (4).

(1) Ici le récit est coupé par l'énumération de quelques cabinets célèbres d'Italie, que suit l'énumération de quelques savants qui ont fait mention de Peiresc en leurs publications.

(2) M*ᵐᵉ* de Valavez (Marquise de Tulle) avait apporté à son mari la très considérable terre de Trébillane (près d'Aix).

(3) Voir le fascicule VIII des Correspondants de Peiresc : *Le cardinal Bichi, évêque de Carpentras. Lettres inédites écrites à Peiresc* de 1632 à 1637 (Paris, A. Picard, 1885).

(4) C'était l'astronome-orientaliste Guillaume Schickard. Je publierai, dans le dernier volume de mon grand Recueil, les incommensurables lettres de Peiresc au professeur de Tubingue d'après les autographes conservés en la bibliothèque de Stuttgard.

MAISON DE PLAISANCE
ET JARDINS DE PEIRESC A BELGENTIER

A, maison et basse cour. — B, canal passant sous le perron, bordé d'orangers d'un costé et de l'autre d'une allée de jasmins d'Espagne. — C, bassin de la fontaine. — D, espalier d'orangers et citronniers. — E, parterre de myrthes. — F, allée fort touffue d'orangers de la Chine, en pleine terre, qui sert de bordure au parterre. — G, autre allée de diverses sortes d'orangers et citronniers. — H, bois de diverses espèces d'orangers rangés en échiquier. — J, jardin potager. — L, berceau d'orangers et citronniers. — L, autre berceau de lauriers-thyms et grenadiers. — M, cabinet de myrthes. — N, pont sur la rivière du Gapeau à chaque costé de laquelle on voit une allée d'orangers et de citronniers. — O, collines couvertes de vignobles. — P, colombier et glacière. — R, village de Belgentier.

SUPPLÉMENT A LA NOTICE DE BOUCHARD

PAR UN ANONYME (1).

Environ le mois de novembre 163..., il y avoit une grande quantité de liars dans la Provence pour ce qu'il estoit deffendu dans le Languedocq. Il y avoit des marchans à Aix et à Marseille qui les faisoit venir et en avoit huict et douze pour un soulz et bailloit tel espece de monoie à tout le peuple tellement qu'il ne se voioit en Provence autre monoie que des liars. Il y avoit un riche de Marseille qui en faisoit grand traficque et avoict plan [plein] de tonne de liars ; le peuple de Marseille s'esleva et allerent pillier la maison du marchand de liars, et s'il ne se feusse sauvé, le peuple l'eust martirisé. Ses emossions *(sic)* dura trois jours. L'on ne pouvoit appaiser le peuple. La Cour de Parlement de Provence y feut là où se *(sic)* feut M. de Peiresc par son bon conseille *(sic)* et par sa vigilance qui fut appaiser la furie du peuple, faisant faire des esdict *(sic)* de par le Roy que tout boucher, boulanger et autre eussiont *(sic)* (2) à prendre les liars durant quinze jours et au bout de quinze jours il seroit portée *(sic)* au bilion. Le peuple s'appaisa aussitost.

Environ ce temps là, il y ving *(sic)* un Premier President en la Cour de Parlement de Provence à Aix (3) où ce fut M. de Peiresc qui le conseilloit ce qu'il avoit à faire, et comme il falloit qu'il se comportast entrant dans la Provence et la visite qui *(sic)* falloit qu'il face, et pour le mieux conduire il alla au devant jusque à Arlle *(sic)*. Le pallais destinée *(sic)* pour sa demeure estoit asortie *(sic)* de tout ce qu'il faut des meubles [et] tapisserie *(sic)* de M. de Peiresc sans s'incommoder. Il en a faict un *(sic)* relation comme tout s'est passé en sa reception.

Il ne s'y passoit rien digne de memoire qu'il n'en fit un *(sic)* relation. Il se fit une grande solennité à Aix pour le corps de St Mitre que l'on tiroit de terre pour le mettre dans une chasse. M. de Peiresc en a escrit entièrement tout ce qui s'est passé

---

(1) Cette nouvelle petite notice (f⁰ˢ 9-10) est d'une autre écriture que la notice et les notes précédentes. Le style et l'orthographe du rédacteur laissent également à désirer ; mais, comme il s'agit d'un témoin oculaire, attaché au service de Peiresc en qualité de peintre d'armoiries, ainsi qu'il nous l'apprend plus loin, je n'ai pas cru devoir écarter des renseignements qui confirment sur certains points et complètent sur quelques autres les renseignements fournis par Bouchard et son annotateur.

(2) Ce mot du dialecte auvergnat semble révéler le pays d'origine de notre peintre.

(3) Il s'agit là du président Joseph du Bernet, déjà mentionné.

tant en la ceremonie que l'ordre qui s'est tenu en la proces-
sion (1).

Quand il recevoit de *(sic)* nouvelles de la guerre qui fut digne
d'estre mis en lumière, il en faisoit un discours et le faisoit
imprimer, comme il escrivit la defaicte des Espagnols par
M. de Gramont, près de Baione.

Sa maison estoit le refuge des gens vertueux. Il tenoit d'ordinaire, outre ses gens, un astrologue pour faire continuellement
des observations. Il avoit tous les instrumens que l'on sçauroit
desirer pour les mathématiques et pour l'astrologie. Il avoit
faict faire une gallerie qui avoit près de cent marches de hauteur pour estudier la nuit aux astres, et chaque observation
qu'il faisoit il en escrivoit un discours.

Il tenoit d'ordinaire un peintre et luy faisoit dessiner la lune
et mesmes l'a faict graver par M. Melan, excellent graveur (2).
Il faisoit dessiner une grande quantité de medail *(sic)* et d'antique *(sic)* qu'il envoioit aux curieux en Allemagne, à Venise,
à Rome et en beaucoup d'autres lieux. Il tenoit aussy deux
libraires aiant tous les outils necessaires pour le travail de la
librairie [qui] travailloient continuellement, ne pouvant relier
tous les livres qui luy estoient envoiez de tous les quartierz du
monde. Il les faisoit relier richement, les faisant couvrir tous
de maroquin de Levant et dorez; il en avoit plein deux chambres de reliez et plein huit chambres de livres en blanc (3),
mais ses escritz [pour *manuscrits*] et ses antiques les plus
rares estoient enfermez dans une chambre où personne n'en-
troit que luy. Il tenoit aussi un sculteur pour restaurer ses
Antiques.

Son esprit n'estoit jamais en repos; il estoit universelle *(sic)*
en toute chose. Il luy fut fait un present de la teste d'un pois-
son qui estoit monstrueux. Il avoit le nez *(sic)* de cinq pieds de
long et en avoit percé une barque (4). Il fut pris près de
Marseille. Il en fit faire un dessin qu'il envoia au Cardinal
Barberin. Il fit faire l'anatomie des yeux qui estoient gros
comme les deux poings chacun. Il fit faire aussi l'anatomie de
Cameleons, animal qui vit de l'air (!!!) qui lui avoit *(sic)* esté

(1) Voir là-dessus l'*Histoire de la ville d'Aix,* par Pierre-Joseph
de Haitze, IV, p. 279.

(2) Ces dessins lunaires de Mellan sont conservés au Cabinet des
Estampes de la Bibliothèque Nationale; ils ont été mentionnés dans
une note du tome IV des *Lettres de Peiresc.*

(3) Nous venons de voir dans la relation de Bouchard que les livres
non reliés occupaient une seule chambre. Il est probable que le peintre — ce devait être un étranger d'après l'irrégularité de sa réduction — voulait parler de trois chambres en tout et que sa plume
inexpérimentée a trahi sa pensée.

(4) Il s'agit de l'Espadon, dont la terrible scie se fait effectivement
un jeu de percer le bois des navires.

envoyez de Levant. Il fut desputé de Roy pour les communautez impuissantes (1). Il ne s'y passoit pas de docteur [c'est-à-dire de soutenance de thèse pour doctorat en droit] qu'il ne fust tousjours appelé le premier, estant le plus souvent les thèses à luy adressées. Il gouvernoit tout le Parlement par son conseil. Il donnoit bon conseil à ceux qui venoient à luy et taschoit de les mestre d'acort *(sic)*, leur remontrant la depense que l'on faict et le temps que l'on perd en plaidant.

Il ne perdoit jamais un car d'heur *(sic)* de temps mal à propos. Il estoit feste et dimanche enserré dans sa chambre; quelque fois il se trouvoit tout seul. Tous ses gens s'estoient esquivé *(sic)* et ne revenoient qu'à deux ou trois heures de nuict; il prenoit patience, leur remontrant doucement qu'un *(sic)* autre fois qui y [pour *qu'il y*] demeurasse au moins quelle qu'un *(sic)* à la maison. En huict mois je ne l'ay pas veu sortir qu'une fois pour se recreer en un dimanche après diner où il fut avec M. Gassendy environ un *(sic)* lieu *(sic* pour *une lieue)* et demie hors de la ville d'Aix, à pied, où c'estoit un contentement sans pareille *(sic)* d'entendre les discours qu'ils faisoient l'un à l'autre (2). Le soir revenu qu'il fut, pour recompenser le temps qu'il avoit perdu, il passa presque tout la nuict à escrire et composer. C'estoit la surveille que le cardinal Bichi devoit arriver à Aix (3). Pas un de ses gens n'estoit à la maison et estoient tous à la debauche. Il me manda à trois heures de nuict vers l'Archevesque d'Aix (4) pour arrester les preparatifs qu'il feroit pour l'arrivée du Cardinal Bichi où l'Archevesque me dit qu'il ne pourroit pas loger mieux qu'au logis de M. de Peiresc. Mais M. de Peiresc luy prefera l'honneur, disant qu'il seroit plus à propos qu'il logeast à l'Archevesché. M. de Peiresc fut cinq lieues au devant de luy. Estant arrivé à Aix, il [le cardinal] fut au logis de M. de Peiresc le soir, environ trois heures. Son logis estoit pourtant ornée *(sic)* et preparée *(sic)* pour le recevoir, mais il alla le soir mesme souper et coucher à l'Archevesché. Le lendemain matin, un *(sic)* heure devant le jour, le cardinal partit d'Aix pour venir *en tibe (sic* pour *Anti-*

(1) C'est-à-dire qui ne pouvaient payer leurs dettes.
(2) A rapprocher du charmant récit fait par Peiresc lui-même d'une promenade du 20 janvier 1635 aux environs d'Aix en compagnie de ses deux savants amis, Pierre Gassendi et Joseph Gaultier, prieur de la Valette (*Notes inédites de Peiresc sur quelques points d'histoire naturelle*, ch. VII, *montagnes et rivières*, p. 33 et suiv). Je me suis souvent dit que c'eût été une bien belle fête pour un curieux tel que moi d'entendre discourir les trois promeneurs, grands curieux aussi tous les trois et qui devaient tous avoir la proverbiale bonne humeur des braves gens.
(3) Le cardinal Bichi vint à Aix dans les premiers jours du mois de mars 1636.Voir le fascicule VII des « Correspondants de Peiresc », p. 9, note 2.
(4) C'était Mgr Louis de Bretel (1630-1645).

bes) pour là s'embarquer pour venir à Gennes, mais ce jour M. de Veson (1) demeura à disner avec M. de Peiresc où, au depart, M. de Peiresc, pour le service que je luy avois rendu, il pria M. de Veson que, quand je serois à Rome, qu'il me presentasse au Cardinal Barberin de sa part, ce qu'il luy promit.

Il estoit grandement expert pour blasonner les armorye *(sic)* et mesme en a composé un livre des maisons les plus anciennes de Provence avec tous les ecussons. Il a aussy fait une relation de l'origine de ses predecesseurs, prevoyant bien que de son temps il n'y auroit personne qui puisse faire et avoir la connoissance des Antiques comme il avoit, et pour ce sujet je luy ay faict huict cens ecussons tous de ses ancestres. L'originaire de la maison de Fabri estoit de Pise en Italie, en l'an 1200 (2). Il porte en ses armes un lion de sable en champ d'or, mais depuis qu'ils *eure (sic)* la baronnie de Rians, Valavez, Saint-Julien, Saint-Laurent, ils ajoutèrent au dessus du lion un lambeau [Lambel] de geul *(sic* pour *gueule)*. En ses ancestres il y a eu des grands personnages et vaillans capitaines et gens qui ont esté emploiez et deputez pour des grands affaires, et ne fault pas s'estonner si M. de Peiresc estoit si expert puisqu'il est sorti d'une maison si noble et si genereuse.

Ce ne seroit jamais faict à un qui voudroit escrire sa vie, car en huit mois que j'ay esté chez luy et ce que j'ay veu et remarqué en sa doctrine, cinquante livres in folio ne suffiroient pas. Il se plaisoit à remontrer et corriger la jeunesse, mais estant bandée de bandeau d'aveuglement, [elle] se moquoit de ses enseignements, et moy j'en puis parler amplement n'y ayant personne en sa maison à qui y parlast familièrement comme il me faisoit et m'enseignoit continuellement en la vertu et comme il ne falloit jamais perdre un car d'heur *(sic)* de temps mal à propos et comme il falloit que j'estudiasse continuellement. On regrette le temps que l'on a emploié mal, pouvant profiter beaucoup, principalement en la conduite d'un des grands hommes que nous avons veu en ce temps qui estoit M. de Peiresc (3).

(T. de L.)

(1) Joseph-Marie Suarès, le savant antiquaire, fut évêque de Vaison de 1633 à 1666. Gassendi mentionne sa visite à Peiresc en même temps que celle du cardinal Bichi *(lib.* V, p. 485) : « *excepit cardinalem Bichium unaque Suaresium veterem amicum* ... » J'aurai à donner à Suarez une place dans la galerie des Correspondants de Peiresc, et ce sera une place d'honneur.

(2) *Addition marginale* (d'une autre écriture) : « Où l'on trouva ses armoiries sur une vieille tour ». N'y a-t-il pas un peu de légende en tout cela ? On sait que la légende est une mauvaise plante qui pousse vigoureusement sur le terrain généalogique.

(3) Bibliothèque Nationale, fonds français, nouvelles acquisitions, n° 4217. On a inscrit par erreur au dos du volume (de 42 feuillets) : *Naudé, Notice sur Peiresc.*

III

LES JARDINS DE BELGENTIER

On trouvera beaucoup de détails sur les jardins de Belgentier dans le tome VI de la Correspondance de Peiresc, « Lettres à sa famille » qui viennent de paraître (Paris, Imp. Nat., 1897). L'éditeur, dans l' « Avertissement », signale ainsi l'intérêt qu'à cet égard présente le nouveau tome : « Parmi les autres « principaux sujets traités en ces lettres, on remarquera les « livres et les fleurs. Les deux frères, entre lesquels régna « toujours une si parfaite harmonie, comme Peiresc l'atteste « de la plus émouvante façon en adressant à Valavez ses su-- « prêmes adieux, les deux frères, dis-je, aimaient d'un égal « amour leur bibliothèque et leurs jardins. Pendant leur vie « entière, ils mirent tout leur zèle et toute leur joie à aug- « menter leurs collections de bibliophiles et d'horticulteurs. « Rien n'est attrayant comme les pages où Peiresc entretient « Valavez avec tant de chaleur, parfois avec tant d'éloquence, « des livres et des plantes qui étaient leurs plus chers tré- « sors. Et ces pages sont très nombreuses, car Peiresc, « entraîné par sa double passion, revient sans cesse là-dessus, « et c'est le cas d'appliquer à l'intarissable fécondité de ses « discours de bibliophile et de jardinier, la fameuse citation : « De l'abondance du cœur la bouche parle. » Voici une intéressante lettre inédite, écrite 17 jours avant la mort de Peiresc, par un religieux de Montrieux, après une visite aux fameux jardins :

Lettre de Don Honoré Gasquet, chartreux
à M. de Peiresc, à Aix (1).

Monsieur,

Je vous baise bien humblement les mains de m'avoir fait voir la Relation du Bresil, je l'ay veue si volontiers que j'en ay retenu une copie ; affin que quand il vous plaira m'honnorer de vos commandements qui m'obligent d'avoir recours là, je les puisse executer selon vostre intention. Je fus incontinent à Beaugencier pour satisfaire à ce

---

(1) Bibliothèque Méjanes, collection Peiresc, tome V, fº 49, copie. (Le registre porte dans le Catalogue général des manuscrits, le nº 10,

que vous me marqués par la vostre, ou par bonheur nous trouvasmes M. le Baron : son arrivée rendit nostre spaciement d'autant plus agreable pour s'estre coulé beaucoup de temps que nous ne l'avions veu. Nous vismes le Gingembre, et le reste que vous avez recouvré nouvellement. J'avisai le lieu plus propre selon mon opinion et le plus approchant en conformité de temperature de celuy du Bresil selon qu'il est marqué dans lad. Relation où il est dit que la chaleur y est excessive, ce que j'ay remarqué fort particulièrement.

A quoy vous aussi, M', aurés s'il vous plait esgard generalement lorsque vous recouvrerés des plantes étrangères. Ce lieu donc estant encore occupé d'une table d'Anémones, je m'en retournay sans rien faire ; puis mesme que rien ne presse encore ; veu que la terre est maintenant comme oisive et stérile, toutes choses tendant à maturité, et comme à la mort ; et le Gingembre d'un tempérament chaud. Je trouverois bon, sauf vostre meilleur avis, d'attendre pour le moins le reculement du soleil, à sçavoir environ le commencement de juillet ou vers la fin : car alors les Plantes et les Bulbes sentant naturellement que leur père le soleil abrège ses influences, elles accommencent desjà d'avoir les premières, quoi qu'encore faibles, dispositions pour s'attacher avec leur mère la Terre, et y jetter les premières racines, affin d'estre bien munies contre l'hyver. Ce que nous voyons par experience aux Impériales, Anémones et autres Bulbes quand on ne les arrache point de la terre. J'attendray néantmoins là dessus vos commandements.

L'on pourroit aussi semer en mesme temps la graine musquée, celle du Tabac, etc. Nous avons de deux sortes de Tabac ; à sçavoir la grande Nicotiane et la petite qui fait la fleur verte et ne croît pas en hauteur plus de trois pieds ou environ. Je ne sçay si celle du Brésil seroit point l'une des deux. Puisque la grande vous est assez connue, si vous avés à gré, je vous envoyeray là bas à Beaugencier de la petite, ou de toutes deux, et quelques plantes de Mercurial à fleur double. La petite touts les ans meurt et se renouvelle facilement de sa graine qui tombe à terre. La grande sort difficilement, seulement au bout d'un an ; neantmoins quand y en a une fois eu quelque part, et que la graine est tombée, quand on arracheroit la mère et qu'on n'en sèmeroit jamais plus, touts les ans pas moins en sortent de nouvelles.

235). Voir, au sujet de l'auteur de cette lettre, un très curieux récit dans la « Notice sur le Monastère de Montrieux », par M. le comte de Villeneuve Flayosc. (Brignoles, 1870, in-18, p. 112-116). D'après le pieux narrateur, pendant le carême de 1665, le Père Chartreux Dom Honoré Gasquet, obtint deux grâces miraculeuses : Sa lampe ayant été renversée sur la « *Triple couronne de Notre-Dame* », ouvrage du R. Père François Poiré, Jésuite, les tâches d'huile qui souillaient le volume disparurent complètement après une neuvaine de Messes, et l'humble cénobite, âgé déjà de près de 85 ans, ne pouvant, à cause d'un étrange « tremblement de mains », tracer son nom qu'en caractères irréguliers, devint tout à coup capable d'écrire nettement. La relation de la faveur reçue, prodige dont les traces subsistent encore dans les Archives du Var, (S. H. 13, n° provisoire), est reproduite en note (113-116) par M. de Villeneuve-Flayosc, d'après une copie conforme, mot à mot de l'original. Cette relation, d'une naïveté charmante et d'une calligraphie surnaturelle, est signée : F.-Honoré Gasquet, Chartreux indigne.

Il fait plus de huit ans que j'en arracha une grande qui grena ; du depuis touts les ans en sortent d'autres sans en point semer dans nostre jardin. Je ne vous parle point de la nature du Gingembre, croyant que vous avés ou Mathiole ou Dalechamp, qui sont de très bons livres, et bien curieux, nécessaires à touts ceux qui se plaisent d'avoir diversité de fleurs, de fruits et de plantes, etc. Je suis bien regretteux d'avoir tant retardé de vous envoyer la « Relation du Brésil », s'il vous plait me pardonner ce manquement, vous priant très humblement que cela ne vous empêche pas de me croire toujours, Monsieur, votre, etc.

F.-Honoré GASQUET, Chartreux.

De nostre petit Oratoire de Montrieux, ce 8 juin 1637.

(T. de L.)

IV

LE TESTAMENT DE PEIRESC

« L'an mil six cent trente-sept et le 22 jour de Juin, après midy, regnant tres chrestien et tres puissant prince Louys XIII, par la grâce de Dieu Roy de France et de Navarre (longuement et heureusement soit-il constitué!), par devant moy notaire et tesmoins messire Nicolas-Claude Fabri , seigneur de Peiresc, seigneur et abbé de Guistres, baron de Rians, conseiller du Roy en sa cour de Parlement de Provence, filz à feu M^r maistre Reynaud Fabri, sieur de Callas, baron dudict Rians, conseiller du Roy en ses conseils et en sa Cour des comptes, aydes et finances dudict Provence, et de dame Marguerite de Bompar (1), lequel considérant que parmi les accidents du monde celuy de la mort nous est infaillible, la main funeste de laquelle a ses actions indifferentes n'ayant esgard à l'age ny à la qualité des personnes, téllement que le plus souvent nous sommes trouvez emportez par elle lorsque nous croyons en estre bien esloignez, ce qui faict que plusieurs décèdent sans avoir loisir de disposer de leurs biens (2), chose qui cause en apres de grandes dissensions parmy les familles, pour à quoy obvier [se] treuvant à present ledict sieur conseiller de Peiresc détenu au lict malade par une infirmité corporelle, mais neantmoins sain de son entendement, bonne memoire, ferme parolle, bonne veue et ouye, a fait son dernier et vallable testament nuncupatif comme s'ensuit ;

« Et premièrement, comme fidel chrestien, a recommandé son ame à Dieu, son createur, et à la glorieuse Viorge Marie,

(1) Sur le père et sur la mère de Peiresc, voir Gassendi, *Vie de Peiresc*, livre I, p. 6-7 ; docteur Jules de Bourrousse de Laffore, *Généalogies des maisons de Fabri et d'Ayrenx* (Bordeaux, 1884, in-8°, p. 31-32). M. de Laffore traduit par *Réginald* ou *Régnaud* le *Reginaldus* de Gassendi. Notons que ce dernier a vanté la beauté de Marguerite de Bompar (*forma adeò eleganti et composita*), ajoutant qu'elle dut à cette beauté l'honneur d'être remarquée et embrassée par la reine-mère Catherine de Médicis, quand cette princesse vint à Aix. Ce fut Marguerite de Bompar qui porta la seigneurie de Peiresc dans la maison de Fabri. (Voir, à l'appendice, le tableau généalogique des Fabri-Peiresc).

(2) Naturellement, nous laissons au compte du notaire cette phraséologie banale que l'on retrouve avec plus ou moins de variantes dans tous les testaments de l'époque.

sa mere, et pour son corps a dict vouloir estre ensevely dans l'eglise des Freres Prescheurs dudict Aix et à la sepulture de ses ancestres (1), remettant pour regard des funerailles que y conviendra faire à la discretion de son heritier cy après nommé, auquel couvent desdicts Prescheurs dudict Aix ledict sieur testateur a legué et legue la somme de trois cent livres que veut luy estre payée pour une fois tant seullement après son deceds.

« Plus a legué et legue ledict testateur aux Reverends Peres de l'Oratoire dudict Aix la somme de trois mille livres que veut leur estre payée aussy pour une fois tant seullement trois ans après son dict deceds.

« Dadvantage a legué ledict testateur à messire Pierre Gassendy, prevost en l'eglise de Digne, tous les instruments et livres de mathematiques qu'il a et encore cent volumes de ses autres livres, soit d'humanité ou autres tels que ledict messire Gassendy voudra choisir (2) ; comme aussy luy legue le pourtraict de Monsieur Vandellin (3).

« — Item legue ledict testateur à maistre Boniface Borrilli, notaire royal dudict Aix (4), le pourtraict du sieur Ru-

(1) Voir sur le monument funèbre érigé, en 1778, par Fauris de Saint-Vincens le père, dans l'église des Dominicains, à l'endroit même où Peiresc avait été enseveli, et sur le nouveau monument érigé, en 1803, dans la cathédrale d'Aix, par Fauris de Saint-Vincens le fils, une plaquette de ce dernier intitulée : *Monument consacré à la mémoire de Peiresc* (Aix, Henricy, an XI, in-4° de 12 pages), remplie d'abondants et curieux détails. De plus, voir ci-après, *Le Tombeau de Peiresc*.
(2) Gassendi mentionne ainsi le don qui lui fut fait (p. 579) : « Mihi mathematices libros omneis, cum instrumentis omnibus, et ex libris cœteris, arbitratu meo volumina centum, cum Vendelini effigie. »
(3) Voir sur le géomètre-astronome Godefroi Wendelin une note des *Impressions de voyage de Pierre Gassendi dans la Provence Alpestre* (Digne, 1886, in-8°, pp. 33-34), note où sont cités, outre l'éditeur du tome I des *Lettres de Peiresc aux frères Dupuy*, M. Léon de Berluc-Pérussis, auteur « de brillants et curieux articles sur *Wendelin en Provence* donnés au *Journal de Forcalquier* (du 31 juillet au 4 septembre 1887) et depuis parus en brochure (Digne, 1890), et M. Charles Ruelens, conservateur des manuscrits de la bibliothèque royale de Bruxelles, qui prépare un travail spécial très considérable sur son trop oublié compatriote, lequel travail « sera certainement digne des deux érudits. »
Depuis que ces lignes sont écrites, M. Ruelens a été prématurément enlevé à l'érudition et à de nombreux amis. Le travail qu'il promettait sur Wendelin nous sera donné par M. Le Paige, professeur à l'Université de Liège. M. Ruelens ne pouvait avoir un meilleur successeur.
(4) J'ose prendre la liberté de renvoyer mon lecteur au fascicule XVIII des *Correspondants de Peiresc*, Aix, 1890, où l'on trouvera une notice biographique sur Borrilly, quelques lettres inédites de lui auxquelles j'ai joint, comme je l'avais fait pour son concitoyen et confrère le collectionneur Pierre-Antoine de Rascas, sieur de Bagarris

bens (1) et à M^r maistre Arthus Olivier, advocat en la Cour, ledit testateur luy legue une de ses bagues antiques telle qu'il luy plaira choisir (2).

« Plus legue ledict testateur à M^r maistre Baltazár de Vias, de la ville de Marseille, gentilhomme ordinaire de la chambre du Roy, six de ses medailles d'or, au choix dudict sieur de Vias (3), toutes lesquelles medailles, bagues et tableaux veut ledict testateur estre baillés à tous les susnommez un mois apres son deceds.

(fascicule XII, Aix, 1887), un catalogue inédit très détaillé des curiosités et richesses de son cabinet.

(1) J'avais jadis inséré, dans le fascicule II des *Correspondants de Peiresc* (*César Nostradamus*, Marseille, 1880, p. 52), une excellente note de M. L. de Berluc-Perussis sur ce portrait. Depuis lors un proche parent des heureux possesseurs de cette belle toile, M. Hippolyte Guillibert, dans une monographie du plus vif intérêt, en a retracé avec non moins d'exactitude que d'habileté la description et l'histoire (*Un portrait de Rubens par Van Dyck*. Extrait de *l'Artiste*, octobre 1887. Paris, grand in-8°). Conférez un article du *Bulletin Rubens* (Anvers et Bruxelles, 1888, 3me livraison du tome III, p. 238-243) par M. Max Rooses, conservateur du Musée Plantin-Moretus, l'homme de l'Europe le plus compétent en ce qui regarde les œuvres d'art des Pays-Bas.

(2) Je dois à l'obligeance de M. Paul de Faucher, allié par son mariage à la famille du légataire de Peiresc, les renseignements suivants qui n'avaient encore jamais été donnés : Artus d'Olivier ou d'Olivari, nom sous lequel sa famille continua à être connue en Provence, était le fils aîné de Jean-Pierre d'Olivier ou d'Olivari, qui fut doyen du Parlement de Provence, et de Catherine de Vitalis. Il naquit à Aix, en 1583, fut reçu docteur en droit à l'université de cette ville en mars 1614, partit pour l'Italie au mois de mai de la même année, forma, à son retour, un cabinet de monnaies anciennes, de pierres gravées, etc., fit son testament le 17 août 1652, devant Decitrane, notaire à Aix, mourut le 17 novembre suivant, et fut enterré, le lendemain, dans le tombeau de sa famille, à l'église des Cordeliers. Le 29 août 1661, Sybille des Martins de Puylouhier, veuve du conseiller Pierre d'Olivari, agissant comme tutrice de son fils Jean, lequel était l'héritier d'Artus, vendit à Toussaint Lautier, apothicaire, devant le notaire Decitrane, le cabinet d'antiques de son beau-frère pour la somme de mille écus. D'autres pièces de la collection furent vendues séparément, et plus tard, notamment une chaine d'or antique du poids de 15 onces (à raison de 43 livres l'once) et, en 1685, un coq d'or antique garni de rubis. La vente de ce joyau produisit 65 écus. Sur le conseiller Jean-Pierre d'Olivari, l'intime ami de Peiresc, et sur ses fils, voir le tome I des *Lettres aux frères Dupuy* (pp. 71, 77, 78) et aussi le tome VI, *passim.*

(3) Sur le poète Balthazar de Vias, voir le fascicule des *Correspondants de Peiresc* qui lui est consacré (Marseille, 1883) sous le n° VI. Je n'ai pas manqué de rappeler (p. 10, note 1), d'après le témoignage du P. Bougerel, biographe toujours si bien informé, que Vias avait formé un cabinet très curieux, où brillaient « les médailles les plus rares et les morceaux les plus exquis de l'antiquité. »

« Plus a legué et legue ledit sieur testateur au R. Père Théophile Minuty, de l'ordre des Minimes (1), la somme de cinq cent livres et qu'il veut luy estre payée pour une fois tant seullement un an apres son deceds pour estre employée à l'usage des œuvres pies que ledict sieur testateur luy a ordonné confidemment, le priant de ne la divertir à autre usage.

« Item legue ledict testateur à Nicolas Lombard, son filleul (2), la somme de cinq cent livres en considération des bons et agreables services que ses pere et mere luy ont rendu, laquelle somme veut luy estre payée pour une fois tant seullement trois ans apres son deceds ; et à Baltazar *Grange* (3), maistre tanneur dudit Aix, ledict testateur luy a legué la somme de trois cent livres qu'il veut aussi luy estre payée pour une fois tant seullement trois ans apres son deceds.

« Dadvantage a legué et legue ledit testateur à Nicolas Souchet, son filleul,, la somme de trois cent livres que veut aussy luy estre payée pour une fois tant seullement trois ans apres son deceds, declarant que Joseph Souchet, maistre fondeur dudit Aix, pere dudict Nicolas (4), luy a rendu compte de tous les deniers qu'il luy avoit mis en main pour les employer aux affaires de la maison dudict testateur et qu'il luy a rendu ce qu'il avoit encor de reste, et par ainsy il le quitte et descharge de toutes les sommes qu'il avoit siennes, voulant que pour raison de ce il ne soit aucunement recherché en aucune façon ne maniere que ce soit.

« Item a legué et legue ledict testateur à François Parrot, son secretaire (5), la somme de cinq cent livres pour payement

---

(1) Le P. Minuti fut un des plus zélés de tous les *missionnaires* de Peiresc employés en Orient par le grand curieux dans l'intérêt de ses collections, c'est-à-dire dans l'intérêt de la science. Voir sur les trouvailles de ce sagace explorateur (*virum sagacem*) Gassendi, livre IV, p. 317, à l'année 1629. Gassendi nous apprend encore (p. 578), que ce fut le P. Minuti qui, dans la chambre du mourant transformée en chapelle, dit la messe à son intention et lui administra le sacrement de l'Eucharistie.

(2) Nicolas Lombard était-il fils de ce Jean Lombard qui est souvent mentionné dans le livre de Gassendi comme un des hommes de confiance du père de Peiresc et de Peiresc lui-même (pp. 187, 281, 367) ?

(3) Cette famille Grange s'est terminée en Mᵐᵉ Rambot, mère du philanthrope aixois.

(4) Joseph Suchet figure, à côté de Jean Lombard, dans le récit fait par Gassendi (p. 367) de la difficile opération du pesage de l'éléphant que l'on avait amené à Aix en 1631, opération à laquelle Peiresc attachait une singulière importance.

(5) Voir sur lui Gassendi (p. 547), lequel l'appelle « fidissimus patientissimusque ». Ce secretaire est-il celui qui transcrivit dans les registres des minutes de l'Inguimbertine, un grand nombre des lettres de son maître, lettres qui tournent au grimoire et dont l'illisibilité désespéra tellement un chercheur venu tout exprès de Nancy à Carpentras pour copier la correspondance de Peiresc avec Barclay, qu'il repartit comme il était venu ?

et recompense des services qu'il luy a rendu, laquelle somme veut luy estre payée trois mois apres son deceds, et à Anthoine Garrat (1) et Paul Felmier (2), chacun d'iceux la somme de trois cent livres aussy en recompense des services que lui ont rendu que veut estre payée à chacun d'eux pour une fois tant seullement un an apres son deceds.

« Plus a legué ledict testateur ses pandectes florentines à Monsieur maistre Scipion du Perier, advocat en la cour (3), lequel il prie de les accepter comme une marque de l'affection qu'il a pour luy.

« Plus a legué ledict testateur à M^r maistre Claude Fabri, baron de Rians, conseiller du Roy en ladicte cour, son neveu, la somme de quinze cent livres que veut luy estre payée pour une fois tant seullement un an apres son deceds.

« Et en tous et chacuns des autres biens meubles et immeubles, debtes, droits, noms, raisons et actions qu'il se treuvera avoir lors de son deceds et trespas en a fait, institué et nommé de sa propre bouche son heritier particulier et universel pour le tout messire Palamedes Fabri, sieur de Valavez, baron dudict Rians, son frere, pour du tout jouir, user, disposer à son plaisir et volonté, le priant de disposer du Pentateuque samaritain suivant ce qu'il luy a dict et pour la destination qu'il en a faitte (4), priant encore ledict sieur son frere de bailler à maistre Charles-Annibal Fabrot, advocat à la Cour,

---

(1) Gassendi l'appelle Agarrat, et il le connaissait bien, car il fut son collaborateur dans diverses opérations astronomiques, comme il le rappelle en ces termes (p. 579) : « quos inter meminisse voluit Antonii Agarrati, operam mihi inter observandum res cœlesteis conferentis. » Ce nom existe encore en Provence et a été porté de nos jours par un estimable professeur du Collège d'Aix.

(2) Nom visiblement écorché, il y avait à Alleins une vieille famille Fermier.

(3) On voit dans le *Dictionnaire de Moréri* (t. VIII, p. 197 « que Scipion du Périer, avocat célèbre à Aix, qui mourut en 1666, » était fils de « François du Périer, l'un des plus beaux esprits de son temps, à qui Malherbe a adressé les belles stances... » Scipion, qu'on surnomma le *Papinien moderne*, tant il passait pour un savant jurisconsulte, méritait bien que Peiresc lui laissât son précieux exemplaire des Pandectes. Ajoutons qu'une petite-nièce de Peiresc, Gabrielle de Fabri, fut mariée à un petit-fils de Scipion, portant le prénom de son grand-père, et conseiller au Parlement de Provence.

(4) On lit à la marge de la copie du testament : « C'estoit pour le donner au cardinal François Barberin, » ce que Gassendi confirme ainsi (p. 579) : « Illi, quem ad aurem Fratri nominârat (eventus autem cardinalem Barberinum fuisse probavit) Pentateuchum Samaritanum.» On sait que le cardinal Fr. Barberini et Peiresc eurent, de 1625 à 1637, les plus affectueuses relations.

3

professeur du Roy en l'université de cette ville d'Aix (1), demie douzaine de ses livres manuscripts, nommant pour les gaigeurs du present testament Monsieur maistre Honoré Dagut, conseiller du Roy en ladicte Cour (2), et noble Baltazar de Vias, gentilhomme ordinaire de la chambre du Roy, les priant de le vouloir faire mettre à deuc et entiere execution, voullant que cecy soit son dernier et vallable testament et qu'il vaille par droit d'icelui de codicil, donation pour cause de mort, et tous autres actes portants disposition et derniere volonté qu'il pourroit avoir par cy devant fait, priant et requerant les tesmoins cy apres nommez et par luy cognus d'en porter tesmoignage de verité ; et à moy notaire de luy en conceder acte.

« Fait et publié à Aix dans la maison dudit sieur conseiller de Peiresc, presents maistre Baltazar de Cipieris (3), advocat en la cour, Mathieu Lizautre, marchand, Simon Corberan, maistre libraire (4), maistre Pierre Escoffier, maistre Joseph Chivalier et Antoine Boyer, praticiens dudict Aix, et Jean de Launay, maistre libraire de la ville de Paris (5), maistre Jean Salvator

---

(1) Tout a été dit sur Annibal Fabrot par feu Ch. Giraud (de l'Institut) dans sa *Notice* spéciale de 1833 (Aix, in-8°.). J'aurai tout au plus deux ou trois petits documents inédits à joindre, plus tard, à toutes les curieuses choses réunies par le savant académicien dans sa rarissime plaquette.

(2) Honoré d'Agut fut un des meilleurs amis de Peiresc. Voir sur ce magistrat, un des plus distingués du Parlement de Provence, une note du tome I des *Lettres de Peiresc aux frères Dupuy* (p. 207).

(3) Les Cipières étaient une vieille famille d'Aix, issue de Benoit de Cipières et maintenue en 1669 dans sa noblesse.

(4) Non seulement libraire, mais aussi relieur, et très habile relieur, *ingenioso glutinatori*, comme dit Gassendi (p. 543). C'est à Corberan qu'il faut attribuer le plus grand nombre des reliures de la bibliothèque de Peiresc. Le Gascon était pour le prince des bibliophiles du dix-septième siècle le relieur *extraordinaire*. Comme certaines dévotes réservent, dit-on, leurs plus délicats péchés à un confesseur particulier, Peiresc envoyait à Paris ses livres les plus précieux et confiait à Corberan ses livres vulgaires.

(5) Je dois à mon savant ami, M. Émile Picot, de l'Institut, que tous appellent avec moi un des premiers bibliographes de notre temps, la note que voici sur Jean de Launay, note que nul lecteur ne trouvera trop longue :
« Jean de Launay paraît avoir été un libraire d'assortiment et non un libraire-éditeur ; aussi ne savons-nous rien de lui. D'après Lottin, Richard de Launay, ou Delaunay, libraire à Paris en 1618, mort avant le 7 novembre 1658, aurait eu pour enfants : 1° Jean, libraire à Paris, le 1ᵉʳ décembre 1639, mort avant le 13 juillet 1660, laissant une veuve qui exerçait encore en 1696 ; 2° Pierre de Launay, libraire à Paris, le 9 septembre 1683, adjoint au syndic, le 10 septembre 1701, syndic le 19 juillet 1709, mort en 1713, laissant une veuve qui mourut avant 1723 ; 3° une fille mariée à Jean Villette, libraire à Paris de 1655 à 1694, ayant exercé comme veuve, et morte avant 1703;

docteur en médecine (1), tesmoins, et ledict sieur testateur n'a peu signer à cause du tremblement des mains (2).

Signé : Salvator, de Cipieris, Lizautre, Chivalier, Escoffier (3), Boyer, Jean de Launay, Simon Corberan et moy, Astier (4), notaire et greffier, ainsy signez à l'original (5) ».

T. DE L.

4° une fille mariée à Charles Cabry, libraire à Paris de 1658 à 1706, ayant ensuite exercé comme veuve, et morte en 1708.

« Il saute aux yeux que les renseignements recueillis par Lottin ne peuvent être exacts. Il est impossible que Jean et Nicolas aient été frères. On pourrait supposer que le libraire de Peiresc était un frère de Nicolas et que plusieurs membres de la même famille portèrent le prénom de Jean. Nous avons tenté vainement d'élucider la question en compulsant les registres de l'ancienne corporation des libraires. Nous n'avons pas été plus heureux en parcourant les nombreux dossiers du Cabinet des titres. Nous y avons trouvé cependant une quittance signée de Jehan de Launay, bourgeois de Paris, y demeurant rue et paroisse Saint-Severin, en 1585. (Cab. des titres, vol. 1662, dossier 38637, n° 16). Ce personnage était peut-être libraire, mais rien ne l'indique. Le fait que Pierre de Launay remplit les fonctions de syndic permet de penser qu'il était à la tête d'une de ces grandes maisons qui se développèrent de génération en génération ; cependant, l'origine de sa famille était peut-être fort modeste. Nous ne pouvons citer aucun livre portant le nom des premiers de Launay. »

(1) Jean Salvator, natif des Mées, figure parmi les illustrations de la haute Provence. Il se distingua par son dévouement pendant la peste de 1629 et reçut le titre de médecin de Louis XIII.

(2) On lit dans Gassendi (p. 580) : « Subscribere ipse, pro debilitate, non potuit. »

(3) Un noble Jean Escoffier fut consul d'Aix en 1567 et 1578.

(4) Les minutes de Mᵉ Astier se trouvent aujourd'hui dans l'étude de Mᵉ Robert-Filliat.

(5) Bibliothèque Nationale, fonds français, vol. 4332, f° 206. Dans le même volume on trouve les testaments de plusieurs autres célèbres provençaux, tels que Michel de Nostre-Dame, son fils César, Gassendi, etc.

V

LE TOMBEAU DE PEIRESC

Peiresc joue de malheur avec les registres de l'état-civil, car, si son acte de baptême est peu explicite, son acte d'inhumation manque absolument. Le curé de la Madeleine, dont il était le paroissien, a négligé d'inscrire son décès, et l'obituaire de l'église des Dominicains, où il a été enseveli, est précisément incomplet à la page correspondant à la date de sa sépulture. (La lacune va du 10 mars au 8 juillet 1637).

Après avoir établi que Peiresc était né le 1er décembre 1580, *vers sept heures du soir*, Gassendi ajoute qu'il rendit l'âme à Dieu *un peu avant trois heures de l'après-midi* après avoir vécu 56 ans, 6 mois, 12 jours et 22 heures (1), ce qui fixe son décès au 24 juin 1637, *vers six heures du soir*; il ajoute que, le lendemain, VII des kalendes de juillet MDCXXXVII, (date qui correspond précisément au 25 juin) son corps fut inhumé en grande pompe, à onze heures du matin, à l'église des R. P. Dominicains (2), dans le tombeau de ses ancêtres, au vœu de son testament, dicté l'avant-veille de sa mort à Me Astier, notaire à Aix.

Par ce testament, Peiresc institue pour son légataire universel son frère Palamède de Fabri, sieur de Valavès, qui fut viguier de Marseille en 1633 (3).

La mort de Peiresc fut un deuil universel. Ses amis firent

---

(1) Animum Deo reddidit, paulò ante horam a meridie tertiàm, cum vixisset annos LVI, menses VI, dies XII, horas XXII : (*Peirescii Vita*, per Petrum Gassendum. Parisiis, 1641, p. 393-94).

(2) Insequenti die, qui fuit VII Kal. Quintileis, elatum funus, magna pompa, magno omnium bonorum luctu ; conditumque fuit, dum sacra solemni more peragerentur, in illo majorum conditorio, ad œdem Divi Dominici, undecima hora ante meridiana (id. ib. p. 394-395).

(3) C'est donc à tort que le président de Saint-Vincens de Noyers (nommons-le ainsi pour le distinguer de son père), a fait de Claude de Fabri, aussi baron de Rians, conseiller au Parlement, l'héritier de son oncle Peiresc. Il n'a été que son légataire particulier d'une somme de 1500 livres. Il est vrai que les manuscrits de Peiresc lui arriveront plus tard, mais du chef de son père.

mouler sa tête (1) en vue d'un monument qu'ils songeaient à élever au grand provençal. L'un d'eux, Gaffarel, (*secrétaire de Peiresc* (2), dit encore inexactement le président Fauris de Saint-Vincens (de Noyers), avait déjà fait exécuter un buste d'après le creux pris sur nature (3), et le docte Rigault (4) avait composé son épitaphe qui fut plus tard gravée sur son tombeau.

De grands honneurs furent rendus à sa mémoire, en France et à l'étranger. A Rome, Urbain VIII fit prononcer publiquement son éloge, et les regrets des lettrés furent exprimés en quarante langues dans un recueil connu sous le titre de *Panglossia*, imprimé au Vatican, en 1638 (5). *La Vie de Peiresc* par Gassendi fut publiée, pour la première fois, trois ans après.

Les belles collections peiresciennes restèrent aux mains de Palamède de Valavez. Les deux frères, qui avaient les mêmes goûts, avaient gardé indivis tout ce qu'ils avaient eu en héritage ou par acquisition; mais à la mort de Palamède, qui dut suivre de près celle de son glorieux frère (6), livres et manuscrits tombèrent en des mains indignes de les posséder, celles d'un neveu qui n'avait ni générosité, ni moralité : Claude de Fabri, baron de Rians, conseiller au Parlement, fils de Palamède.

(1) Ce moulage fut exécuté par Pierre Pavillon, originaire de Paris, que Peiresc avait retenu à son retour de Rome pour lui faire réparer divers objets d'art. En 1696, il fut chargé, avec Jean-Claude Rambot et Jacques Fossé, des sculptures décoratives de l'Hôtel de Ville. Trois ans après, Madeleine de Forbin d'Oppède, veuve de Vincent de Boyer, lui fit sculpter les portes de son château d'Eguilles.

(2) Gaffarel, né en 1601, à Mane (Basses-Alpes), n'a pas plus rempli les fonctions de secrétaire auprès de Peiresc, qu'il n'a été bibliothécaire de Richelieu, comme les biographes se plaisent à le répéter ; il fut simplement chargé d'acheter des livres et des manuscrits pour le cardinal Richelieu, ainsi que le démontre péremptoirement M. Tamizey de Larroque dans l'*Avertissement* aux *Quelques Lettres de Jacques Gaffarel*, publiées à Digne, en 1886.

(3) Nicolas Rigault, savant philologue, né à Paris en 1577. De Thou, qui l'avait pris en affection, lui fit obtenir la place de garde de la bibliothèque du Roi, laissée vacante par Casaubon. En 1645, il céda le siège aux frères Dupuy, entra dans la magistrature et mourut à Toul, doyen des conseillers au Parlement de Metz.

(4) *Monument consacré à la mémoire de Peiresc* avec une planche représentant le tombeau de Peiresc à Saint-Sauveur. Aix, imp. d'Antoine Henricy, an XI, in-4° de 12 p. — Cette notice a été aussi publiée dans le *Magasin encyclopédique* de Millin, 8ᵐᵉ année, 1803, t. VI, p. 198.

(5) Voici le titre exact : *Monumentum romanum Nicolao Claudio Fabricio Peiresco senatori aquensi doctrinæ virtutisque causa factum.* Rome, typ. vaticani, 1638, petit in-4° de 119 p.

(6) On n'a pas encore pu découvrir son acte d'inhumation.

Tous ces trésors historiques et littéraires n'avaient guère pour lui qu'une valeur vénale : qu'on nous passe l'expression *Margaritas ante porcos!* Après avoir vendu à quelques fervents admirateurs de Peiresc une cinquantaine de registres ou volumes manuscrits, il envoya les autres à Paris, mais, n'ayant su en tirer parti, il les fit revenir à Aix, où ils restèrent longtemps oubliés dans un galetas, ce qui avait fait dire à Ménage et à Gantelmi d'Aix, que les deux filles du baron (1) en faisaient des allumettes, des papillotes et des couchettes pour leurs vers à soie.

Pour l'honneur des sciences et des lettres, Louis de Thomassin, seigneur de Mazaugues, né à Aix, en 1647, conseiller au Parlement, savant distingué, qui touchait aux Fabri par sa femme (2), une des arrière-petites-nièces de Peiresc, et à qui ce nom était cher, les sauva de la destruction en achetant en bloc tout ce qui n'avait pas été détruit ou dispersé de ces précieux manuscrits.

Henri-Joseph de Thomassin, son fils (baptisé à Aix, le 9 août 1684 et président aux enquêtes le 31 mars 1724), les reçut en héritage. C'était un grand érudit, en correspondance avec tous les savants de l'époque. Il augmenta de nombreuses richesses la bibliothèque paternelle qui était venue s'incorporer à la sienne ; il eut la satisfaction de se faire retrocéder presque tous les manuscrits de Peiresc dont l'indigne neveu s'était hâtivement débarrassé à Paris.

Henri-Joseph avait épousé, en 1724, Marguerite de Village ; il mourut sans postérité en 1743, après avoir testé en faveur de son frère Joseph de Thomassin, co-seigneur de Mazaugues et de Bargemon.

Joseph de Thomassin se trouva ainsi à la tête de la célèbre bibliothèque des Mazaugues. Il savait tout le prix que son père et son frère y attachaient, et combien l'idée de la dispersion possible, après leur mort, des collections qu'ils avaient amassées avec tant de soins et de persévérance, leur était pénible. Aussi, quand des raisons de famille l'obligèrent à s'en séparer, traita-t-il de préférence avec Mgr d'Inguimbert, évêque de Carpentras, qui voulait, à l'exemple de quelques grands prélats, doter sa ville épiscopale d'une bibliothèque publique.

Mgr d'Inguimbert fit don à sa ville épiscopale de toutes ces acquisitions, et fonda ainsi la célèbre Inguimbertine.

Les manuscrits peiresciens ne furent pas compris dans cette

(1) Suzanne de Fabri, l'aînée, qui épousa, en 1661, François de Paul de Valbelle, sᵣ de Mazaugues, et Gabrielle, mariée, en 1664, à Scipion Du Perier, conseiller au Parlement, petit-fils du grand jurisconsulte Scipion Du Perier, 1ᵉʳ du nom.

(2) Il avait épousé, en 1676, Gabrielle de Seguiran, petite-fille de la présidente de Seguiran, Suzanne, sœur consanguine de Peiresc. (Voir, plus loin, le tableau généalogique des Fabri-Peiresc).

première vente; mais, deux ans après, Mgr d'Inguimbert en
fit l'acquisition de Henri-Joseph de Trimond, neveu et héritier
de Joseph de Thomassin ; le vendeur se réserva toutefois un
certain nombre de volumes, qui passèrent au président de
Saint-Vincens, son gendre. Ces volumes, au nombre de 15,
enrichissent la Méjanes.

Il faut le dire cependant : en dépit de la légende, il y a beaucoup à rabattre sur la perte des manuscrits de notre grand
homme et des racontars relatifs aux papillottes, aux couchettes
pour les vers à soie et aux allumettes fournies par les précieux
papiers, comme le prouve éloquemment l'abondance des manuscrits de Carpentras (1), d'Aix, de Montpellier (2), de Nîmes (3), de Paris (4) et de l'étranger (5).

Aix possède une importante *Correspondance de Peiresc
avec les savants de son temps*, 15 vol. in-fº, que l'abbé Alba-
nès a décrits dans le *Catalogue des manuscrits d'Aix*, p. 124,
125, 126 et 127 (6).

On lit, en tête du tome I, la note suivante de M. Rouard :

« Ce précieux recueil nous vient du président de Saint-Vincens (7) :
voici ce qu'il dit lui-même : Heureusement M. de Mazaugues avait fait
copier toute la correspondance de Peiresc. Ces copies, bien authen-
tiques, n'ont pas été comprises dans la vente faite à l'évêque de Carpentras. Elles sont en mon pouvoir. Je les ai obtenues de M. de Trimond, mon beau-père, qui était le neveu de M. de Mazaugues ».

(1) L'Inguimbertine possède près de 100 vol. ou registres peiresciens
(voir le catalogue descriptif et raisonné dressé par M Lambert, 3 vol.
in-8º dont deux sont presque entièrement consacrés à Peiresc.

(2 et 3) 2 vol. à Montpellier et de nombreuses copies à Nîmes.

(4) La Bibliothèque Nationale possède bien une cinquantaine de volumes (y compris une douzaine de registres qui contiennent des lettres
de ses correspondants français et étrangers.

(5) On conserve des Mss de Peiresc à Rome, à Florence, à Londres,
à La Haye, à Stuttgard, etc., etc...

(6) *Catalogue général des manuscrits des bibliothèques publiques de France*, t. XVI, Paris, lib. Plon, gr. in-8·, 1894.

(7) Jules-François-Paul de Fauris de Saint-Vincens, président à
mortier au Parlement de Provence, associé correspondant de l'Académie des Inscriptions et Belles-Lettres, né à Aix en 1718, y mourut
l'année 1798. Il avait épousé en 1746 Julie de Vence, fille de la belle
Pauline de Grignan, petite-fille de Mᵐᵉ de Sévigné, dont il eut deux
enfants :

Alexandre-Jules-Antoine Fauris de Saint-Vincens de Noyers
(1750-1819), qui devint conseiller au siège de la sénéchaussée d'Aix,
et à qui, en 1782, son père résigna sa charge de président, sous réserve de cinq ans de survivance, avec rang et séance.

Et Julie-Sophie-Rossaline de Fauris de Saint-Vincens, mariée à
Boniface-Jean-Louis-Denis de Perier, conseiller au Parlement (dont
la famille n'a rien de commun avec celle de Scipion Duperier, alliée
aux Fabri),

d'où deux enfants :

Charles-Jules-Michel et Alexandre-Louis-Gaspard de Périer qui
héritèrent de leur oncle.

Cette note laisse supposer que ces volumes ont été légués à la Méjanes par le président de Saint-Vincens de Noyers. Il n'en est rien pourtant. Le président est mort sans avoir testé. Le bibliothécaire Rouard nous induit ici encore en erreur, en disant que le département a acheté en 1820 (1), le cabinet tout entier et a distribué les médailles à Marseille, les antiquités et les manuscrits à Aix et les livres à Arles.

Ce n'est pas ainsi que les choses se sont passées. D'abord le département n'a pas acheté le cabinet. Le Conseil Général a voté 15.000 fr. pour l'acquisition d'une partie importante des livres qu'il a partagés entre les trois villes, qui ont, de leur côté, fait leur achat particulier.

En conformité d'une ordonnance royale du 31 juillet 1821, provoquée par M. le préfet de Villeneuve, le cabinet de Saint-Vincens a été judiciairement vendu aux enchères publiques devant le commissaire-priseur d'Aix, le 24 septembre suivant, au nom de MM. de Périer, frères, héritiers bénéficiaires de leur oncle. Le département a acheté son contingent de livres ; Arles s'est rendu acquéreur, au prix de 4,051 fr. du restant. La ville d'Aix emporta l'adjudication, au prix de 17,000 fr., du lot, comprenant les antiquités et les manuscrits, parmi lesquels se trouvait cette *correspondance de Peiresc avec les savants de son temps* (2). Les médailles ont été acquises par la ville de Marseille au prix de 18,000 fr.

Nous avons dit plus haut, qu'à la mort de Peiresc, il avait été question de lui élever un monument ; mais, devant le mauvais vouloir du baron de Rians, ce neveu si peu soucieux de la mémoire du nom qu'il portait, si indifférent à l'honorer, le projet ne pouvait aboutir: Le tombeau même fut longtemps délaissé, bien que le nom de Peiresc remplît l'Europe entière.

Au président de Saint-Vincens était réservé l'honneur de réparer l'oubli de sa famille envers l'une des plus hautes intelligences dont puisse s'énorgueillir un pays. Il touchait aux Fabri par le mariage de son fils, en 1781, avec Marguerite-Dorothée de Trimond, arrière-petite-fille du conseiller Louis de Thomassin de Mazaugues, qui avait épousé, en 1676, Gabrielle de Seguiran, dont la grand'mère, la présidente de Seguiran, était la sœur consanguine de Peiresc (3).

Le président de Saint-Vincens tenait la mémoire de Peiresc en grande vénération ; c'était un savant magistrat. Il avait comme lui le goût des antiquités et des médailles, et, à son

(1) *Notice sur la bibliothèque d'Aix*, Aubin, 1831, in-8°, p. 232. Roux-Alphéran. *Les Rues d'Aix*, répète la chose, sauf la date fautive qu'il ne donne pas, t. II, p. 209.
(2) On trouvera de plus amples renseignements dans notre brochure sur le *Cabinet des Présidents de Saint-Vincens à Aix*, qui paraîtra prochainement.
(3) V. Ci-après le tableau généalogique des Fabri-Peiresc.

exemple, il avait formé un riche cabinet au milieu duquel il avait placé le buste de l'illustre savant (1).

Il est toutefois permis de regretter, que dans les quelques Lettres de Peiresc, dont on lui doit la publication, le président de Noyers se soit cru autorisé, suivant la mode du temps, à rectifier et accommoder à sa façon, le style du grand épistolier. On trouvera, à cet égard, de curieuses indications dans le t. VI de la *Correspondance de Peiresc*, pp. 209 et suiv.

En 1778, il lui fit édifier par Chastel (2), à l'église de la Madeleine, un petit monument en marbre, qui fut placé dans le chœur, contre le mur contigu à la chapelle où se trouve le tombeau des Fabri (3). C'est un cartouche (4), entouré de draperies, surmonté d'un médaillon de Peiresc, en demi-relief, terminé par un écusson portant l'inscription suivante :

Julius Fr. Paulus Fauris
de Saint-Vincens
Posuit
ann. MDCCLXXVII.

(1) D'après la tradition, que rien ne justifie, ce buste serait aujourd'hui à la Méjanes. Est-ce bien celui que Gaffarel avait commandé dans le temps, au dire de Saint-Vincens de Noyers *(Loco cit.)* Celui-ci ajoute : qu'une autre épreuve de ce buste a été envoyée par le président de Saint-Vincens, père, à milord Douglas, comte de Buchan, président de l'Académie des Antiquaires d'Edimbourg, pour le cénotaphe que le noble Lord faisait élever au savant français dans l'abbaye de Dersby (Liz. *Dryburg*). Divers autres bustes ou portraits de Peiresc figurent dans les plus célèbres bibliothèques de Rome. Les abbayes de Saint-Germain, de Sainte-Geneviève et de Saint-Victor, se glorifient de posséder quelques-uns de ses manuscrits. Jamais lord ne s'est appelé Douglas, c'est une erreur formelle de F. de S. V. comme je le démontre dans une petite publication intitulée : *Un Ecossais ami de Peiresc*, E. Privat, Toulouse, 1897.   (T. de L.).

(2) Chastel Jean-Pancrace, né à Avignon, le 12 mai 1726, mourut à Aix en 1792.

(3) Au sujet de cet hommage, l'abbé Barthélemy écrivit à M. de Saint-Vincens : *En élevant un monument à Peiresc, vous avez acquitté la dette du siècle précédent*.

(4) M. Paul Arbaud, le prince des bibliophiles provençaux, possède le projet du monument dessiné par Chastel. En l'exécutant, l'artiste a apporté quelques légères modifications dans les détails.

La partie qui surmonte le cadre contenant l'inscription est proportionnellement plus développée ; le nœud qui orne le médaillon est plus en avant, au sommet de son cadre, tandis que dans le marbre il se détache au sommet et au-dessous de la voussure qui entoure la partie supérieure de ce même cadre. L'espèce de trapèze curviligne qui le termine, dans sa partie inférieure, descend plus bas que l'extrémité des draperies, au lieu d'être à peu près de niveau avec elle ; il est orné de quatre denticules qu'on ne voit pas dans le monument. Le cartouche est plus large et porte les armoiries des Fabri, sans lambel, que l'on a remplacées par l'inscription indiquant la date de l'érection du monument.

On a gravé, au milieu du cartouche, avec une légère variante, ou plutôt une simple abréviation, l'épitaphe rédigée jadis par Rigault, l'ami de Peiresc :

Hic situs
Nic. Cl. Fabri Peirescius
« *Aquensis senator*
« *Christianam resurectionem expectans* (1) »
reconditissimos antiquariæ supellectilis thesauros
sagacitate concilio liberalitate
cunctis orbe toto disciplinarum studiosis
aperuit
doctissimis unde proficerent
sæpe monstravit
mira beatitate felix
seculo satis rixoso notissimus sine querela
vixit
VIII cal. jul. ann. MDCXXXVII
ætatis suæ LVII
optimo viro bonos omnes
bone adprecari decet (2).

Pendant la Révolution le monument disparut de la Madeleine(3), au moment où l'église fut transformée en *Temple de la Raison*. Des mains amies, sans contredit, avec le concours discret du président de Saint-Vincens, fils, avaient voulu le mettre à l'abri de toute éventualité ; mais quand les églises furent rendues au culte, encouragé par les vieux amis de son

(1) Ces deux lignes guillemetées ont été substituées aux trois lignes suivantes de l'inscription originale :
Amplissimi ordinis in Aquar. Sext.
Curia Senator
Christianam resurectionem expectat

(2) Cette épitaphe, qui ne figure pas dans le *Panglossia*, a été intégralement donnée par Gassendi, p. 398, par Pitton, *Hist. d'Aix*, 1667, p. 614, et par Bullard, *Notice sur Peiresc*, Bruxelles, 1682, p.
En voici la traduction telle que la donne Saint-Vincens :
« Ici repose, dans l'attente de la résurection, Nicolas-Claude Fabri de Peiresc, conseiller au Parlement d'Aix. Par ses lumières, ses conseils et ses largesses, il ouvrit aux amateurs des sciences et des arts de tous les pays les trésors les plus cachés de l'antiquité. Souvent même il indiqua aux plus doctes les moyens de le devenir davantage. Quoique très-connu il jouit, dans un siècle assez difficile, du bonheur bien rare de vivre en paix avec tout le monde. Il mourut le 24 juin 1637, âgé de 57 ans. Tous les gens de bien doivent prier pour cet homme excellent.
(3) Dans sa *Notice sur la Méjanes*, M. Rouard dit, p. 212, que « ce monument fut détruit par le vandalisme en 1793 ». C'est une erreur.

père, qui étaient les siens : Dacier, Monge, Millin, etc., etc.,
il adressa une pétition au préfet des Bouches-du-Rhône, à
l'effet d'être autorisé à relever le monument que son père avait
consacré à la mémoire de Peiresc, dans l'église des Dominicains, et de le transporter à la métropole, alors qu'il était si
naturel de le rétablir dans l'église qui possède ses restes, où
l'on savait qu'il avait été inhumé.

On conserve aux archives des Bouches-du-Rhône le dossier
de cette translation, qu'un heureux hasard a mis sous nos
yeux. Les cinq pièces qui le composent sont inédites ; elles
nous paraissent mériter d'être publiées.
Voici d'abord la supplique :

Au citoyen Charles Delacroix,
Préfet du département des Bouches-du-Rhône,

Aix, 24 nivose an XI (14 janvier 1803).

Citoyen Préfet,

Mon père avait autrefois fait élever dans l'église des Dominicains de
cette commune, un monument au célèbre Preiresc, un des savants les
plus illustres que la Provence ait donné aux 16e et 17e siècles. En 1793,
ce monument fut enlevé, mais il ne fut point détruit. Les parties m'en
ont été rendues il y a quelques mois. Je n'ai eu qu'à y ajouter que
très peu pour le rendre complet.
Je vous prie, citoyen Préfet, de m'autoriser à le faire placer, non
plus dans l'église des Dominicains, mais dans celle de Saint-Sauveur.
Notre savant compatriote sera plus visité et plus honoré dans ce dernier temple. Il le sera surtout par les étrangers et les curieux qui
viennent bien souvent visiter les colonnes antiques et la sculpture des
portes de Saint-Sauveur (1).
Je m'adresse au chef de l'administration, qui aime et cultive les

(1) Jusqu'ici ces portes qui font depuis des siècles l'admiration des
visiteurs, étaient restées anonymes. Les archives du chapitre de la
métropole sont muettes à cet égard. M. Numa Coste a eu la bonne
fortune, en ses incessantes fouilles dans les vieilles minutes nota-
riales, de découvrir le prix-fait de cette merveille :
Par acte du 15 oct. 1505, no" Bertrand Borilly (actuellement étude
Beraud), les frères Raymond et Jean Bolhit, ouvriers sur bois, s'enga-
gèrent à faire les grandes portes de la cathédrale pour le prix de
400 florins, 4 salmées de blé et 12 millerollés de vin.
Le 30 mars 1508, les frères Bolhit, « qui n'étaient peut-être que
des menuisiers » traitèrent avec un imagier de Toulon, nommé Jean
Guiramand * pour les sculptures des portes, moyenant 186 florins, à
charge par eux de lui fournir les outils nécessaires et de lui assurer
la nourriture et « le logement avec le lit », dans leur propre maison
usqu'à la fin des travaux ». *Le portail et les grandes portes de*

lettres, qui honore la mémoire des savants, qui enfin a des bontés pour moi. J'espère qu'il m'accordera ma demande.

Je le prie d'agréer mes hommages respectueux.

FAURIS SAINT-VINCENS.

Quelques jours après, le président de Saint-Vincens adressait cette nouvelle lettre à la préfecture :

Aix, 2 ventose an XI (21 février 1803).

Citoyen Préfet,

Lorsque je formai le dessein de relever le monument que mon père avait fait construire pour honorer la mémoire du savant Peiresc, j'y fus engagé par ceux des amis de mon père qui existent encore dans l'Institut et qui étaient autrefois les collègues de mon père dans l'Académie des Inscriptions. Je recourus tout de suite à vous avec la confiance que doivent m'inspirer les marques d'intérêt et de bonté que vous m'avez toujours témoigné (sic).

Vous avez fait passer ma lettre sous les yeux de toutes les autorités pour avoir leur avis. Je pense que toutes ont dû vous donner une réponse favorable. Je n'avais pas dû faire le projet d'élever un monument dans l'église cathédrale sans en prévenir Mgr l'Archevêque et lui demander son agrément. Il me l'avait accordé verbalement et par lettre ; il a dû vous le dire ainsi, lorsque vous lui avez fait part de ma demande. Rien ne s'oppose donc plus à ce que vous veuilliez bien me renvoyer ma pétition revêtue du sceau de votre autorité. Voilà quelques semaines que les connaissances que j'ai à Paris, très assurées ainsi que moi que vous voudrez bien m'accorder ma demande, m'ont fait faire des compliments sur la restitution du monument, les citoyens Dacier, Monges, Millin, Sainte-Croix, Villoison, etc. etc.

Condescendez, je vous en supplie, à mon empressement que vous trouverez peut-être ou trop actif, ou trop importun, et soyez bien convaincu de ma reconnaissance ainsi que de mes sentiments très respectueux.

FAURIS SAINT-VINCENS.

Sauveur à Aix-en-Provence. (Mém. présenté par M. Numa Coste à la réunion des Sociétés des Beaux-Arts des départements, tenue à l'Ecole des Beaux-Arts au mois d'avril 1895).

* GUIRAMAN (Jean), originaire de Toulon, était à la fois peintre et sculpteur. En 1518, il peignait sur bois et sculptait sur pierre pour l'église de la Sainte-Baume (Saint-Maximin). En 1520, il résidait à Aix, où, le 16 avril, il s'associait avec Raymond Bolhit, menuisier de Marseille, pour la fabrication de tous cadres de rétable, à l'exception de ceux qui lui avaient été commandés auparavant par les localités voisines. Le 17 avril 1522, les syndics de la Vallette donnèrent à Jean Guiramand « sculpteur et peintre de Toulon » le prix-fait d'un rétable pour leur église. CHARLES GINOUX. *Peintres, sculpteurs, architectes et autres artistes, nés à Toulon ou y ayant vécu.* Paris, Charavay, libraire, 1895, in-8°.

Avis de l'Archevêque d'Aix.

7 ventôse an XI (26 février 1803).

Citoyen Préfet,

J'ai différé de vous répondre sur la pétition cy jointe du C^{en} Fauris de Saint-Vincens, parce que j'avais besoin d'éclaircissements préalables pour prendre une résolution définitive.

Je ne vois nul inconvénient à l'exécution du projet de M. de Saint-Vincens et j'ai consenti qu'il fût placé dans le lieu convenu de l'église métropolitaine.

J'ai l'honneur de vous saluer.

† J. M. arch. d'Aix.

Le jour même, le Préfet des Bouches-du-Rhône prit l'arrêté suivant :

Vu la lettre écrite par le C^{en} Fauris Saint-Vincens, de la ville d'Aix, le 24 nivose d', par laquelle il demande à être autorisé de faire élever dans l'église de Saint-Sauveur à Aix, un monument au célèbre Peiresc, un des savants les plus illustres que la Provence ait donné aux 16me et 17me siècles, lequel monument avait été élevé autrefois par les soins du C^{en} Fauris de Saint-Vincens, père, dans l'église des Dominicains de la dite ville ;

Vu les avis du Sous-Préfet et du Maire de la ville d'Aix, portant qu'il y a lieu de permettre au pétitionnaire l'objet de sa demande ;

Vu la lettre de M. l'Archevêque d'Aix et d'Arles, en date du 7 de ce mois, portant qu'il ne voit nul inconvénient à l'exécution du projet du C^{en} Saint-Vincens et qu'il consent qu'il soit placé dans le lieu convenu de l'église métropolitaine ;

Arrête :

Le C^{en} Fauris Saint-Vincens est autorisé à faire élever, à ses frais, dans l'église métropolitaine de Saint-Sauveur à Aix, un monument dédié au célèbre Peiresc, le même qui avait été élevé dans l'église des Dominicains à Aix par les soins du C^{en} Fauris Saint-Vincens, père, et ce, dans l'endroit de la dite église qui lui sera désigné par M. l'Archevêque à qui il sera adressé une expédition du présent arrêté.

Fait à Marseille, le 7 ventose an XI (26 février 1803).

DELACROIX.

Lettre de remercîment du président de Saint-Vincens au Préfet :

Aix, 15 ventose, an XI (6 mars 1803).

Citoyen Préfet,

Vous avez eu la bonté de rendre un arrêté pour me permettre de rétablir dans l'église de Saint-Sauveur le monument que mon père avait fait élever au savant Peiresc. Agréez mes sincères remerciements.

Je publierai que c'est à vous à qui je dois la facilité que j'ai eu de payer le tribut d'hommage que je devais à la mémoire de Peiresc et à celle de mon père. Je sçavais déjà que la restitution de ce qui restait encore de ce monument ne m'avait été faite que d'après l'autorisation verbale que vous, citoyen préfet, et le maire d'Aix en aviez donné *(sic)* à ceux qui en étaient les possesseurs.

Rien n'égale ma reconnaissance que les sentiments respectueux que je vous ai voué *(sic)*.

Fauris Saint-Vincens.

Quelques jours après, les restes épars du monument funéraire de Peiresc se trouvèrent réunis à la métropole de Saint-Sauveur. Roux-Alphéran nous donne la date précise du commencement des travaux, dans le *Recueil des Notes manuscrites*, qui nous a été communiqué par notre ami Hipp. Guillibert, secrétaire de l'Académie des Arts et Belles-Lettres 'd'Aix :

« Ce jeudi 19 ventose an XI (jeudi 10 mars 1803), le président de Saint-Vincens fit élever à Saint-Sauveur un monument en l'honneur de Nicolas Fabri de Peiresc. C'est le même que celui que son père avait fait placer aux Dominicains en 1778 (détruit en 1793). On y a joint une inscription annonçant qu'il a été transféré de l'église des Dominicains dans celle de Saint-Sauveur, au lieu où était le mausolée d'Hubert Garde, baron de Vins, chef de la Ligue en Provence ».

Jadis existaient, dans le chœur de cette église, du côté de l'Evangile, le superbe mausolée de Charles III, d'Anjou, le dernier comte de Provence, mort à Aix en 1481, et, vis-à-vis, du côté de l'Epître, celui du baron de Vins, chef des ligueurs, tué au siège de Grasse, le 20 novembre 1589.

La Révolution avait emporté ces deux monuments. Sur la place du premier, on mit le trône épiscopal, et l'on éleva sur le second le cénotaphe de Peiresc. A cet effet, on établit au pied du mur un soubassement avec un cippe au milieu, surmonté d'une urne funéraire, et l'on scella le cartouche au-dessus. Le doux et paisible Peiresc (qui s'y serait attendu?), venait ainsi reposer sur les cendres absentes du turbulent et sanguinaire chef des ligueurs. C'est Mgr de Cicé qui avait désigné cette place.

Voici la description du cénotaphe rétabli à Saint-Sauveur que le président de Saint-Vincens donne dans son Mémoire (1) :

« La partie la plus élevée présente le buste de Peiresc dans un médaillon en demi relief, porté par un fronton. L'épitaphe est au-dessous ; elle est entourée d'une draperie et terminée par un écusson. En dessous est un cippe qui porte une urne. Le cippe est au milieu du soubassement ».

(1) *Monument consacré à la mémoire de Peiresc*, cité plus haut.

« Tout le monument est appuyé sur *une pyramide de stuc imitant le portor et appliquée sur le mur.* »

Encore une inexactitude à l'actif de M. de Saint-Vincens. *La pyramide de stuc, imitant le portor*, est restée à l'état de projet, sur la planche (1), jointe au Mémoire que le président de Saint-Vincens avait fait imprimer par anticipation. Le hasard fit que l'état du mur ne permit pas le stucage; et l'on supprima cette grotesque pyramide (2) ressemblant trop à un vaste éteignoir qui aurait bien malencontreusement coiffé ce pauvre Peiresc.

On a gravé sur le cippe l'inscription suivante qui marque le transfert de la Madeleine à Saint-Sauveur :

Ubi Gaspardus Guarda Vincius
Federatorum in provincia seculo XVI
Prefectus
Ibi nunc mo.umentum Peirescio dicatum
Quod pene dirutum
Restituit
Julii Fr. Pauli filius
Et in hanc basilicam ex œdibus S. Dominici

(1) Cette planche est signée *Juramy, faciebat 1803.* Cet artiste, qui était professeur à l'école de dessin d'Aix, a été, en 1808, l'un des membres fondateurs de l'*Académie des Belles-Lettres et Arts* de cette ville, à laquelle il a fait d'importantes communications. (Voir les *Archives de l'Académie*).

En 1819, le bureau de l'Ecole de dessin fut réorganisé et le nombre de ses membres porté de huit à onze. M. Revoil fut nommé président, et Juramy figure au nombre des nouveaux élus. (*Note sur les travaux de l'Académie d'Aix, relatifs aux Beaux-Arts*, par M. L. de Berluc-Perussis, lue à la réunion annuelle des Sociétés savantes et des Beaux-Arts, à la Sorbonne, le 24 avril 1878 (imp. de Plon).

On ne savait pas que Juramy eut modelé un charmant petit médaillon conjugal du président de Saint-Vincens de Noyers et de Mᵐᵉ de Noyers. M. Pontier, conservateur du Musée, vient d'en découvrir une épreuve à moitié brisée qu'il a merveilleusement reconstituée.

(2) On peut s'étonner que le président de Saint-Vincens n'ait pas, par une note supplémentaire, avisé son lecteur de cette heureuse suppression ; mais ce qu'il y a de plus extraordinaire, c'est que, dans la réimpression de ce travail, en juillet 1817 (Aix, imp. Pontier), les inexactitudes signalées sont purement et simplement maintenues.

La non-existence de la pseudo-pyramide nous a été attestée par l'érudit conseiller de Duranti La Calade, qui s'est beaucoup occupé de la *Sépulture de Peiresc*. Elle nous a été confirmée par M. Payan, architecte, qui a fait procéder au transfert du monument du chœur de Saint-Sauveur à la chapelle Saint-Mitre, ainsi que par tous les anciens consultés à ce sujet.

Transferri curavit
Ann. post Peirescii mortem CLXVI (1)

Il y a une trentaine d'années, sous l'épiscopat de Mgr Cha-
landon, des travaux d'embellissement du chœur firent déplacer
le monument de Peiresc. On le transporta dans la chapelle
Saint-Mitre située derrière le maître autel. Le *Hic Situs* devint
alors une double inexactitude. Les cendres de Hubert de Vins
n'étaient pas là, encore moins celles de Peiresc, qui n'ont jamais
quitté le tombeau des Fabri à l'église de la Madeleine.

Cet état de choses ne pouvait pas éternellement durer. Tôt
ou tard, le monument de Peiresc devait fatalement retourner à
la Madeleine où il avait été élevé et d'où il n'aurait pas dû
émigrer.

Vers la fin du mois d'avril 1893, quelques chercheurs aixois,
MM. Maurice de Duranti La Calade, L. de Berluc-Pérussis et
Pontier, conservateur du musée d'Aix, guidés par M. l'abbé
d'Isoard de Chénerilles, vicaire de cette paroisse, songèrent à
reconnaître l'emplacement de la tombe de Peiresc, que l'on
savait avoir été inhumé aux Prêcheurs, dans l'ancienne chapelle du saint nom de Jésus (2), située au haut de l'église. Cette
chapelle avait été jadis sacrifiée en très grande partie à
l'agrandissement du chœur. Le petit espace restant est aujour-
d'hui isolé de l'église et a son entrée sur l'étroit coridor de la
sacristie. C'est dans ce réduit, presque obscur, qui a longtemps
servi de bûcher et où l'on entreposait en dernier lieu les objets
funéraires, que nos érudits chercheurs ont mis à jour, sous une
épaisse couche de plâtras, gravée en creux, une figure de
femme, avec les cheveux épars, tenant, dans la main droite, une
épée flamboyante et dans la gauche une couronne de laurier.
C'était le cimier héraldique d'un casque, au dessous duquel un
écusson ovale portait un *Lion lampassé* (3). Nos visiteurs se
trouvaient en présence des armoiries des Fabri-Peiresc.

Plus bas, tout à fait contre le mur, se lisait le mot :

FABRITIORVM

(1) Voici la traduction de Saint-Vincens :
« Où était le tombeau de Gaspard Garde, baron de Vins, chef des
ligueurs en Provence, dans le XVIme siècle, l'on voit aujourd'hui le
monument qui fut consacré à Peiresc par Jules-François-Paul Fauris
de Saint-Vincens. Il a été réparé par son fils, qui l'a fait transporter
de l'église des Dominicains dans celle de Saint-Sauveur, 166 ans après
sa mort ».

(2) Divers auteurs et récemment l'abbé Constantin, *Les paroisses
du diocèse d'Aix*. Aix, 1890, A. Makaire, in-18, p. 135.

(3) *La sépulture de Peiresc dans l'église de Sainte-Madeleine
d'Aix*. Notes et recherches recueillies par de Duranti La Calade. Aix,
1893, A. Makaire, in-8° de 40 p.

Quelques jours après, dans une seconde visite au tombeau, M. Sigaud de Bresc, qui s'était joint à ses amis, fit attaquer par un maçon la base de la muraille, et, sous les premières pierres, on put lire le mot :

TVMVLVS

M. Sigaud de Bresc fit un estampage de cette pierre tombale et le déposa aux Archives de l'Académie des *Sciences, Arts et Belles-Lettres d'Aix* (1). L'affaire, aussitôt communiquée à la savante compagnie, est ainsi résumée, d'après le registre des procès-verbaux.

« Dans sa séance du 3 mai 1893, l'Académie des Sciences, Arts et Belles-Lettres d'Aix a entendu le rapport de M. L. de Berluc-Perussis sur l'exploration faite à la chapelle du Saint Nom de Jésus, servant de dépendance à la sacristie de la Madeleine, où l'on savait, dit le rapporteur, que se trouvait la sépulture de la famille Fabri de Peiresc.

« Elle a admis le vœu exprimé par M. L. de Berluc-Perussis « que l'autorité compétente procède à la reconnaissance officielle du tombeau de Peiresc ». Elle a aussi exprimé le vœu qu'une inscription soit placée dans l'église même de la Madeleine, pour signaler la sépulture de l'illustre savant ».

Le 6 juin, il fut procédé à l'exploration du caveau des Fabri (2). M. L. de Berluc-Perussis signala l'importance de ces opérations et constatations dans l'*Echo des Bouches-du-Rhône* du 18 du même mois.

« Il va, disait-il, de l'honneur de la Ville et de la France que la sépulture de Peiresc soit honorée comme elle le mérite. La reconnaissance qui vient d'avoir lieu appelle un complément. La chapelle funéraire des Fabri doit être restaurée. Une inscription commémorative, un médaillon du père de l'érudition moderne, doivent signaler au peuple de Provence et aux savants du dehors le lieu où gît cette gloire européenne. »

C'est sous cette forme discrète que dut être, de prime abord, demandée la réintégration à la Madeleine du monument exécuté par Chastel, réintégration qui, au début, n'alla pas sans soulever d'assez vives objections.

Le 4 juillet suivant, le Comité des travaux historiques du ministère de l'instruction publique, consulté, accueillit favorablement la demande, sur la proposition de son éminent président M. Léopold Delisle.

Sous ce titre, « POUR PEIRESC, S. V. P. », M. Tamizey

(1) Une réduction de cet estampage a été jointe à la plaquette de M. de Duranti La Calade.
(2) Le procès-verbal de cette visite, faite avec l'autorisation et en présence de M. le chanoine Fouquou, curé-doyen de la paroisse, a été publié par M. de Duranti La Calade dans sa brochure citée plus haut.

4

de Larroque, lança à son tour, à la date du 15 septembre de la même année, un ardent manifeste, que M. Paul Mariéton, chancelier du Felibrige, s'empressa de publier, dans le numéro d'octobre de la *Revue Felibréenne* dont il est le si distingué directeur. Ce dernier ouvrit, en même temps, une souscription dans ses bureaux à l'effet de recueillir des fonds nécessaires à la transformation en chapelle funéraire du lieu où reposent les cendres de Peiresc.

Cet appel se répercuta dans la France entière. Le comte de Marsy, directeur de la *Société d'archéologie*, adressa une pressante invitation aux archéologues nationaux : *Le tombeau de Peiresc à Aix, sa découverte et sa restauration* (Caen, in-8°. Extrait du *Bulletin monumental*). M. Léopold Delisle en fit autant dans la *Bibliothèque de l'Ecole des Chartes*, 1893, p. 419. Voir encore le *Soleil du Midi*, du 3 novembre 1893, le *Journal du Comtat*, du 18 du même mois de novembre (art. de M. Barrès), la *Revue catholique de Bordeaux*, du 25 du même mois (art. de MM. Lafargue et Allain), les *Tablettes d'Alais*, du 10 décembre (art. de M. de Sarran d'Allard), la *Semaine religieuse d'Avignon*, du 3 mars 1894 (art. de M. Paul de Terris), etc., etc. (1).

L'année suivante, M. Tamizey de Larroque, dont le nom est désormais inséparable de celui de Peiresc, vint à Aix, et, à la suite de réunions et de conférences organisées à cette occasion, deux commissions furent nommées, l'une pour la restauration du tombeau de Peiresc et l'autre pour l'érection d'un monument à sa mémoire.

Nous nous occuperons particulièrement de la première.

M. Tamizey de Larroque fut acclamé président d'honneur de ces deux commissions et M. le doyen Guibal, président.

Dans la première réunion de la commission du monument, M. Tamizey de Larroque exposa qu'il avait déjà recueilli la somme de 1.200 fr. et que la souscription ouverte par M. Paul Mariéton dans les bureaux de la *Revue Félibréenne* avait produit 800 fr. La Commission décida que ces fonds seraient spécialement affectés à la restauration de la chapelle funéraire.

On organisa des souscriptions à Aix et on fit appel à tous les journaux de la région. M. le Président de l'Association des étudiants offrit de constituer parmi ses camarades plusieurs groupes chargés d'aller à domicile solliciter les dons des habitants.

À la séance suivante, le président d'honneur annonce que les premières démarches font bien augurer du succès de l'entreprise ; que Mgr l'Archevêque avait souscrit pour 300 fr. et M. le président Guibal pour 200 fr. Le total devait atteindre 2,000 francs.

(1) Nous devons ces renseignements bibliographiques à l'obligeance, toujours en éveil, de notre ami M. L. de Berluc-Perussis.

Ces fonds furent destinés à l'érection du buste de Peiresc. M. Heckenroth, architecte de la ville, fut chargé de la direction de ces travaux; il les fit exécuter promptement, avec intelligence et économie.

Entre temps, le comité s'occupa de faire restituer à la Madeleine le monument de Peiresc qui, depuis une centaine d'années, avait été, sans raison aucune, transporté à l'église de Saint-Sauveur.

A cet effet, M. de Duranti La Calade se chargea de rédiger une supplique à l'Archevêché. Mgr Gouthe-Soulard mit le plus gracieux empressement à transmettre cette supplique, avec ses recommandations chaleureuses, au ministère de l'Intérieur et des Cultes. Une décision, en date du 12 novembre 1894, fit droit à la demande du Comité.

Les choses furent alors remises en leur état ancien.

Après un siècle d'exil (91 ans), le marbre de Chastel retourna à sa place primitive, dans le chœur de la Madeleine, contre le mur au pied duquel se trouve le tombeau des Fabri (1).

Voici l'inscription commémorative qui a été placée dans la chapelle funéraire :

L'an MDCCCXCIV
Avec les fonds provenant
d'un don de Mgr Gouthe-Soulard
archevêque d'Aix
et d'une souscription
recueillie par l'initiative
de M. Tamizey de Larroque
cette chapelle contenant la tombe
de Peiresc
a été restaurée
et le monument élevé à sa mémoire
par M. de Saint-Vincens
transporté plus tard à Saint-Sauveur
a été rétabli dans le chœur
de l'église Sainte-Madeleine
contre sa sépulture

—

Architecte M. Heckenroth.

————

(1) L'enlèvement du cénotaphe a laissé dans la muraille de la chapelle Saint-Mitre, une cavité assez considérable que M. l'archiprêtre de la métropole a eu l'idée de combler avec une pierre qui gisait abandonnée dans un coin de l'ancien cloître de Saint-Sauveur. Cette

Le buste de Peiresc, dont s'est occupé le second comité, a été inauguré le 10 novembre 1895, sous la présidence d'honneur de M. Gaston Paris, de l'Académie des Inscriptions et Belles-Lettres, élu depuis membre de l'Académie française, délégué du Ministre de l'Instruction publique (1), assisté de M. le doyen Guibal.

A. M.

pierre, qui porte une inscription actuellement à demi effacée, mais dont le texte est bien connu, est le seul débris reconnaissable du superbe tombeau gothique de Charles III d'Anjou, dernier comte de Provence qui, par son testament mémorable, fit notre union au pays de France.

Nous nous permettrons de regretter que l'on n'ait pas songé à faire disparaître du cippe resté sur place l'inscription

> Ubi Gaspardus...............
> Ibi nunc monumentum Peirescio...

Il y a là une nouvelle source d'erreur pour les visiteurs de la métropole.

(1) Voir le compte-rendu des *Fêtes de Peiresc. Discours, toasts, rapports et lectures.* Aix, imp. J Remondet-Aubin, 1896, grand in-8° de 137 p., et *la Séance publique pour l'érection du monument de Peiresc,* du 11 mai 1894, gr. in-8° de 109 p.

VI

LES HÉRITIERS ET LES CONTINUATEURS DE PEIRESC

FRAGMENT GÉNÉALOGIQUE

I. Nicolas Fabri, seigneur de Callas, conseiller au Parlement, en la charge de son père (23 oct. 1545), épousa Catherine de Chiavari,

dont 5 enfants :

1° Rainaud, qui suit;
2° Claude, conseiller-clerc;
3° Marie-Madeleine, mariée, en 1565, à Pierre de Pontevès, sᵣ d'Amirat;
4° Françoise épousa Ferréol de Flotte, sᵣ de Meaulx;
5° Catherine, mariée à Guillaume Cambe d'Orves.

II. Rainaud Fabri, conseiller à la Cour des Comptes, Aides et Finances en 1574, épousa, en 1577, Marguerite Bompar, dame de Peiresc et de Valavez, dont :

1° *Nicolas Claude* Fabri de Peiresc, conseiller au Parlement et abbé de Guîtres;
2° *Palamède* Fabri de Vallavez, qui viendra après :

Rainaud Fabri épousa, en secondes noces, en 1596, Madeleine-Catherine de Caradet-Vassal, dite *Bourgogne*, veuve d'Olivier de Tulles, sᵣ de Trébillane (1), conseiller au Parlement, dont elle avait une fille, Marguerite de Tulles, dite *Marquise*, qu'elle maria plus tard à Palamède Fabri, sieur de Vallavez, fils de son second mari.

De son mariage avec Catherine de Caradet, Rainaud Fabri eut :

Suzanne Fabri, mariée à Henri de Seguiran, dont nous donnerons plus loin la descendance.

III. Palamède Fabri, sᵣ de Vallavez et de Callas, baron de Rians, viguier de Marseille en 1633, épousa, en 1604, Mar-

(1) La terre de Trébillane se trouve actuellement dans la commune de Cabriès, arrondissement d'Aix.

guerite de Tulles, dame de Trébillane, fille d'Olivier de Tulles et de Madeleine-Catherine de Caradet-Vassal, seconde femme de Rainaud Fabri, son père (V. ci-dessus), d'où :

IV. CLAUDE FABRI, baron de Rians, reçu conseiller en 1632, épousa, en 1631, Marguerite des Alrics, fille de Jacques, s^r de Rousset, et d'Isabeau de Simiane,

d'où deux filles :

1° Suzanne Fabri, mariée, en 1661, à François-Paul de Valbelle, s^r de Meyrargues et de Cadarache, et par elle marquis de Rians ;

2° Gabrielle Fabri, qui épousa, en 1664, Scipion Dupérier, II° du nom, conseiller au Parlement, petit-fils du grand jurisconsulte Scipion Dupérier, Ier du nom, dit le *Papinien moderne*, à qui Peiresc légua ses *Pandectes florentines*.

Descendance féminine du père de Peiresc.

III. SUZANNE FABRI, mariée en 1615, à Henri de Seguiran, s^r de Bouc, président de la Cour des Comptes, en la charge de son père (16 oct. 1625). d'où :

1° Rainaud de Seguiran, qui suit ;

2° Antoine de Seguiran, abbé de Guîtres, dont son grand-oncle Peiresc avait été titulaire ;

3° Catherine de Seguiran, mariée à André-Anne Forbin de Sainte-Croix.

IV. RAINAUD DE SEGUIRAN, s^r de Bouc, président aux Comptes, épousa Sylvie Giannis de La Roche,

d'où quatre filles :

1° Gabrielle de Seguiran, qui suit ;

2° Madeleine de Seguiran, épousa, en 1673, Marc-Antoine d'Albertas ;

3° Autre Gabrielle, mariée à Alexandre de Guérin ;

4° Suzanne, épousa Jean-Antoine d'Aymar de Pierrerue.

V. GABRIELLE DE SEGUIRAN épousa Louis de Thomassin de Mazaugues, conseiller au Parlement,

d'où :

1° Gabrielle de Thomassin, qui suit ;

2° Henri-Joseph de Thomassin, président aux Enquêtes, épousa Marguerite de Villages et mourut sans postérité ;

3° Joseph de Thomassin, s^r de Bargemont.

VI GABRIELLE DE THOMASSIN, mariée en 1717, à Louis de Trimond, s^r de Puymichel,

d'où :

VII HENRI-JOSEPH-GABRIEL DE TRIMOND, épousa, en 1758, Dorothée Durand, d'où deux filles :

1° Marguerite Dorothée qui suit ;
2° Lucie-Guillemine-Adelaïde de Trimond, mariée en 1790,
à Émile Raousset de Boulbon.

VIII Marguerite-Dorothée de Trimond, épousa, en 1781,
Alexandre-Jules-Antoine de Fauris de Noyers de Saint-Vincens,
président à mortier au Parlement d'Aix.

Le tableau suivant permet de se rendre compte d'un seul
coup d'œil des attaches de Peiresc :

NICOLAS FABRI Sʳ DE CALAS
ép. Catherine de Chiavari
d'où
Rainaud FABRI qui épouse :

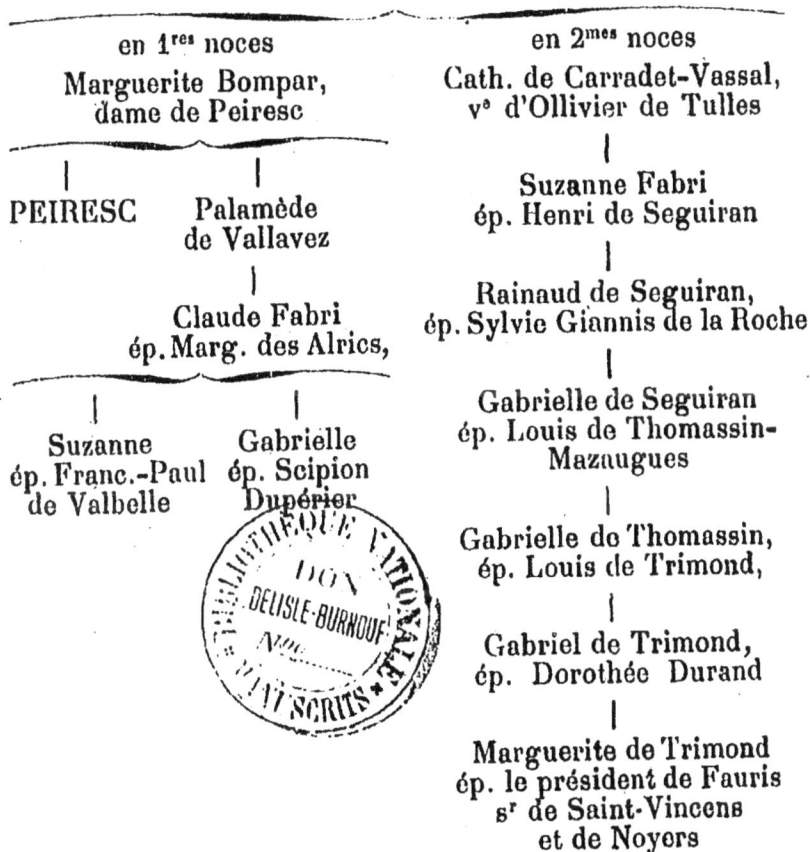

en 1ʳᵉˢ noces	en 2ᵐᵉˢ noces
Marguerite Bompar, dame de Peiresc	Cath. de Carradet-Vassal, vᵉ d'Ollivier de Tulles
	Suzanne Fabri ép. Henri de Seguiran
PEIRESC — Palamède de Vallavez	Rainaud de Seguiran, ép. Sylvie Giannis de la Roche
Claude Fabri ép. Marg. des Alrics,	Gabrielle de Seguiran ép. Louis de Thomassin-Mazaugues
Suzanne ép. Franc.-Paul de Valbelle — Gabrielle ép. Scipion Dupérier	Gabrielle de Thomassin, ép. Louis de Trimond,
	Gabriel de Trimond, ép. Dorothée Durand
	Marguerite de Trimond ép. le président de Fauris sʳ de Saint-Vincens et de Noyers

A. M.

Lorsque nous eumes, M. Ph. Tamizey de Larroque et moi, l'idée de réunir ces documents sous un titre commun, j'étais, certes, loin de m'attendre, moi son aîné, à demeurer, seul et attristé, devant cette dernière page.

En quelques jours, le robuste travailleur du pavillon Peiresc a été enlevé à l'érudition française, dont il était l'une des plus vaillantes incarnations, et à notre Provence, qui le considérait orgueilleusement comme sien. La date du 26 mai 1898 sera à jamais douloureuse pour le monde des lettres.

Le demeurant de cette intime collaboration regarde comme un devoir d'adresser un adieu fraternel à l'inoubliable disparu.

D'autres diront ce que fut le savant, ce qu'est son œuvre monumentale. Il me suffira de saluer ici l'homme de grand cœur et de bonté exquise qui avait daigné me permettre de contribuer modestement à ses côtés à la glorification de Peiresc, et d'apposer ma signature auprès de la sienne.

Le nom de T. de Larroque vivra inséparable de celui de l'immortel initiateur que fut Claude Nicolas Fabri. Leurs deux mémoires dureront aussi longtemps l'une que l'autre, entourées d'un égal respect et d'une même auréole. Mais ce qui mérite surtout de survivre au polygraphe universel qui vient de nous quitter, c'est le souvenir des qualités profondes qui firent de lui un ami incomparable. Quiconque l'a connu le pleurera. De tels hommes honorent sans doute la science, mais plus encore l'humanité, dont ils résument les meilleurs dons.

A. M.

AIX, 26 juin 1898.

TABLE

www.ingramcontent.com/pod-product-compliance
Lightning Source LLC
Chambersburg PA
CBHW050523210326
41520CB00012B/2418